SLOW COOKING

Kochen mit Zeit, Lust & Liebe

SLOW COOKING

Kochen mit Zeit, Lust & Liebe

TEXTE UND REZEPTE: HANS GERLACH
FOTOGRAFIE: JULIA HOERSCH

Inhalt

Vorwort

Sollen wir aufhören zu kochen? In der modernen Welt geht scheinbar alles immer schneller. Doch Computer schneiden keine Zwiebeln, und so lassen sich die Vorgänge in unserer Küche kaum beschleunigen. Viele greifen deshalb zu Fertigprodukten, Fast Food boomt. Doch auf der anderen Seite bietet uns gerade die Küche eine Möglichkeit zu echter und regelmäßiger Erholung in einer Oase der Entschleunigung. Wer kocht, erfährt unsere Welt ganz unmittelbar. Das Auge isst sowieso mit, noch wichtiger sind die anderen Sinne: Düfte kitzeln Erinnerungen wach – an Oma und ihren Millirahmstrudel, an eine rosmarinduftende Focaccia und die Urlaubsliebe, mit der wir sie teilten. Mit unseren Fingern ertasten wir Festigkeit und Oberflächen, deshalb liebe ich es, Teige zu kneten. Und wer mit den Ohren kocht, weiß, wann die Butter in der Pfanne genau richtig brutzelt, und hört, wann ein Messer stumpf klingt. Das alles sind nicht nur schöne Erfahrungen, viele erleben solche Momente in der Küche fast wie einen Kurzurlaub. Auch Genießervereinigungen wie Slow Food setzen auf sinnliche Erlebnisse bei ihrem Einsatz für gutes Essen, saubere Nahrungsmittelherstellung und einen fairen Umgang mit den Produzenten. Lassen Sie uns also kochen – aufmerksam und mit viel Spaß! Das ist Slow Cooking im Gegensatz zum schnellen Kochen nebenbei, bei dem alles in zehn Minuten fertig sein soll.

Für dieses Buch habe ich eine Handvoll meiner Lieblingsrezepte aufgeschrieben, die wirklich viel Arbeit machen: Weil Sie nie eine ähnlich gute Kalbsleberwurst oder Rehterrine kaufen könnten, weil eine feine Ochsenschwanz-Kraftbrühe zu den höchsten Genüssen gehört und weil Restaurantköche die aufwendigen Melanzane alla Parmigiana so selten zubereiten. Die meisten Gerichte funktionieren jedoch anders: Das Kalbskarree liegt zwar stundenlang im Ofen – aber währenddessen können Sie in Ruhe ein Glas Wein trinken und ein gutes Buch lesen. Der Spargel gart im Wasserbad bei Niedrigtemperatur ganz von alleine, so wie der Sauerteig für das Krustenbrot über Nacht ganz ohne Ihr Zutun reift. Besuchen Sie den Limoncello ab und zu im Keller und probieren Sie, wie lange er noch ziehen muss. Viel Arbeit machen diese Rezepte alle nicht, sie brauchen nur ein wenig Muße. Überlegen Sie einfach rechtzeitig, was Sie essen oder trinken wollen.

Viel Spaß beim Nachkochen und Genießen!

Hans Gerlach

Die Slow-Cooking-Methoden

Es geht um Düfte, die das Essen lange vor dem Servieren ankündigen. Es geht um beobachtendes Kochen, Fragen wie: Ist der Teig schon genug aufgegangen? Klärt sich gerade das Schmalz? Wie sieht der Braten aus? Oft ziehen sich die Zubereitungen eine Weile hin, oft ohne dass wir während-dessen viel tun müssen. Das ist Slow Cooking. Doch auch ganz einfache, scheinbar schnelle Rezepte können »slow« sein. Wenn Sie die Tomaten sorgfältig aussuchen. Wenn Sie die Nudeln abgießen – genau in dem Moment, in dem sie den richtigen Biss haben. Wenn Sie frisches Basilikum vor dem Servieren liebevoll über die Nudeln zupfen: Auch das ist Slow Cooking. Die Haltung ist entscheidend. Manche Küchentechniken eignen sich besonders gut für langsames Kochen mit sehr viel Genuss: Wer einen Sauerteig ansetzt, Entenkeulen konfiert, Marillenkompott einkocht, einen Schmorbraten vorbereitet oder Spargel pochiert, der bewegt sich im Reich von Slow Cooking.

SANFT BRATEN, SCHMOREN, DÜNSTEN UND KOCHEN

Je sanfter wir kochen, desto gleichmäßiger garen Schmorbraten und Ragouts, aber auch Bohnenkerne und Grillgemüse aus dem Ofen. Die Randschichten sind dann genauso schonend gegart wie das Innere, alles bleibt schön saftig. Oder wird erst saftig, wenn sich Bindegewebe entspannt und dabei Feuchtigkeit aufnimmt. Auch Rinderbrühe, Kalbsglace und Fischsuppen sollten grundsätzlich sehr sanft kochen, so können möglichst viele Aromastoffe aus Fleisch, Knochen oder Gräten in die Brühe übergehen. Streichen Sie »scharf anbraten« aus Ihrem Repertoire (es sei denn, Sie braten Geschnetzeltes und Hackfleisch, also sehr kleine Fleischstücke mit sehr großer Oberfläche). Der sanfte Weg ist in der Regel der bessere – auch für Steaks.
Eine besondere Ausstattung benötigen Sie für achtsames Garen nicht, Ihre gewohnten Töpfe, Schmortöpfe und Pfannen reichen aus. Allerdings gilt: Je schwerer der Topf, desto gleichmäßiger ist die Wärmeverteilung und desto schonender garen Fleisch, Fisch und Gemüse darin.

NOCH SANFTER GAREN BEI NIEDRIGTEMPERATUR

Zwischen 60 und 120° können Sie Fleisch, Fisch und Gemüse unglaublich zart und saftig garen. Zähe Fasern verschwinden spurlos, und weil die Temperaturen so niedrig sind, ist der Garpunkt in jedem Teil das Garguts gleich perfekt. Der besondere Vorteil: Es klappt immer, eine halbe Stunde mehr oder weniger im Ofen spielt keine Rolle. Ohne große Erfahrung kann jeder einen Kalbsbraten zaubern, den ein Sternekoch nicht besser garen könnte. Es gibt zwei Methoden zum Garen bei Niedrigtemperatur: im Backofen, sehr gut geeignet für Fleisch und Fisch, oder im Wasserbad, ideal für Gemüse. Da Gemüse beim Garen mehr Feuchtigkeit braucht als Fleisch oder Fisch, gelingt es im Wasserbad am besten. Man verschließt es dafür entweder in einem Vakuumbeutel (sous-vide, siehe S. 136) und gart es im eigenen Saft oder gibt es direkt in einen Pochierfond. Die Wasserbad-Methode eignet sich auch für Fleisch und Fisch. Damit die Oberfläche trotzdem schön braun und heiß wird, brät man das Fisch- oder Fleischstück nach dem Sous-Vide-Garen oder Pochieren einfach kurz in der Pfanne nach.

Für das Garen bei Niedrigtemperatur brauchen Sie keine große Grundausstattung. Das einzige Gerät, das unverzichtbar ist, ist ein Thermometer – ideal ist ein digitales Fleischthermometer. Damit können Sie zum einen die Kerntemperatur von größeren Fleischstücken und Fischen exakt feststellen (siehe S. 172), zum anderen die Temperatur eines Wasserbads oder Pochierfonds messen. Außerdem können Sie damit prüfen, ob in Ihrem Backofen auch wirklich die Temperatur herrscht, die Sie eingestellt haben. In (wiederverwendbaren) Kunststoffbeuteln können Sie das Gargut fürs Wasserbad ganz professionell vakuumieren und verschweißen. Die dafür nötigen Vakuumiergeräte gibt es mittlerweile zu erschwinglichen Preisen. Noch professioneller garen Sie »sous-vide« in einem Elektro-Wasserbad (siehe S. 194), das immer genau die richtige Temperatur hält. Diese Geräte sind allerdings noch ziemlich teuer.

KONFIEREN UND GELIEREN

Konfieren bedeutet, Fleisch sehr langsam in Fett zu garen und es dann in diesem Fett zu lagern. Luftdicht in Schmalztöpfen verpackt, legte man so früher Fleischvorräte für viele Monate an. Rillettes und Confits aus Enten-, Gänse- oder Schweinefleisch sind neben Griebenschmalz die klassischen Rezepte. Profiköche verwenden den Begriff aber auch für das langsame Garen von Gemüse im Ofen. »Konfierte Tomaten« werden in Olivenöl im Ofen sanft geschmort, und auch unsere geschmorten Artischocken (S. 56) könnte man demnach »konfiert« nennen.

Mit Confits verwandt sind Sülzen und Gelees wie Ente weißsauer (S. 48) oder Schinkensülze (S. 38). Lange Haltbarkeit spielt hier keine große Rolle, das saftig gegarte Fleisch wird von aromatischer Sülze umhüllt. Sülze könnte man einfach aus einer beliebigen Flüssigkeit mit Gelatine herstellen – aber dann schmeckt sie auch beliebig. Wer Ente oder Schinken mit Schweine- oder Kalbsfüßen kocht, bekommt einen sehr aromatischen Fond, der von selbst geliert.

Für Rillettes und Confits benötigen Sie keine besondere Ausstattung. Füllen Sie sie einfach in Schraubgläser. Für Terrinen gibt es spezielle Formen, eine Kastenform tut es aber auch.

LANGSAM BACKEN

Gebäck aus »schnellen« Hefeteigen schmeckt, solange es warm ist. Ein Brot, dessen Teig – wie häufig empfohlen – an einem warmen Platz in 1 bis 2 Stunden aufging, wird schon altbacken, während es abkühlt. Hefeteige, die langsam gehen können, entwickeln dagegen ein volles Aroma, und das Gebäck bleibt lange frisch. Probieren Sie es aus: Halbieren Sie die Hefemenge in einem beliebigen Rezept. Lassen Sie den Teig bei Zimmertemperatur viel länger gehen und prüfen Sie das Ergebnis. Oft wird das Gebäck noch besser, wenn Sie den Teig feuchter halten als angegeben. Oder Sie backen einfach Landbrot, Focaccia und Krustenbrot (S. 18) nach den Rezepten im ersten Kapitel. Das Krustenbrot wird durch Sauerteig locker und aromatisch. Die Hefe ist nur noch zur Sicherheit im Teig, mit etwas Erfahrung können Sie sie sogar weglassen. Mein Freund, der Meister-Bäcker Arnd Erbel, ist gegen Rührmaschinen im Haushalt: »Der Weg ist das Ziel. Also: Hände in den Teig und den Pfad der Sinne betreten!« Ich bin da nicht so streng, nötig ist eine Küchenmaschine jedoch nicht. Wer gerne bäckt, sollte sich eventuell einen Backstein zulegen. Er sorgt dafür, dass die Temperatur nicht zu stark absinkt, wenn Sie das Brot in den Ofen schieben. Ebenfalls recht praktisch sind Gärkörbchen für die Teigruhe.

MARINIEREN

Wenn Sie Lachs oder einen anderen Fisch mit Salz, Zucker und Gewürzen beizen (S. 34), also trocken marinieren, wird ihm Wasser entzogen. Das macht ihn länger haltbar, und gleichzeitig verändert sich das Fischeiweiß ein wenig – wie beim Kochen. Der Fisch wird zart und mürbe, ohne dabei seine frische Farbe zu verlieren. Harte Gemüse werden ebenfalls weich, wenn Sie sie dünn geschnitten marinieren, etwa für Krautsalat, Fenchelsalat (S. 70) oder für einen Salat aus Rosenkohlblättern (S. 72). Das liegt daran, dass das Salz und der Essig aus der Marinade feste Zellen platzen lassen. Auch bei Fleisch wird diese Methode seit jeher eingesetzt, zum Beispiel für einen Sauerbraten (S. 166) oder ein Rehragout (S. 95). Durch die Marinade werden Bindegewebsstrukturen aufgebrochen – nach dem Garen ist das Fleisch unvergleichlich zart und saftig.
Das Schöne ist, dass man zum Marinieren keine besonderen Küchenutensilien braucht. Ein kleines Holzbrett und kleine Gewichte, um etwa Lachsfilets beim Marinieren zu beschweren, finden sich in jedem Haushalt. Dafür können Sie beispielsweise einfach volle Marmeladengläser oder Tomatenkonserven verwenden.

EINKOCHEN UND TROCKNEN

Slow Cooking kann auch ganz schnell sein: Wer sich an einem Sommer- oder Herbstwochenende Zeit nimmt und Marillen (S. 226), Gurken (S. 24), Quitten (S. 206), Walnüsse (S. 228) oder sogar Kalbsleberwurst (S. 40) einkocht, der hat allerfeinste Vorräte zur Verfügung, wenn mal weniger Zeit zum Kochen ist. Die Konservierungsmethoden unserer Großmütter sorgen für hausgemachte Fertigprodukte. Getrocknete Apfelringe oder Zwetschgen (S. 230) sind ein wunderbarer Snack für Schulkinder, wenn gerade kein frisches Obst im Haus ist. Und getrocknete Tomaten (S. 230) kann man ganz fix als Antipasti einlegen. Während es früher beim Einmachen und Trocknen darum ging, die Ernte vom Sommer und Herbst für den Winter haltbar zu machen, kann man heute aus der ganzen Vielfalt des Marktangebots schöpfen und beim Einkochen lustvoll mit allen möglichen Kombinationen experimentieren. Geschmacklich ist selbst Eingemachtes unschlagbar – solange Sie nicht mehr einkochen, als Sie in einem Jahr verbrauchen können.
Bei Gemüse und pikant eingelegten Früchten sind Salz, Zucker und Essig für die Konservierung und den besonderen Geschmack verantwortlich. Eine dünne Schicht Öl über dem Einmachgut schließt dieses zusätzlich luftdicht ab. Fruchtkompotte und -sirupe werden mit einem hohen Zuckeranteil gekocht und auf diese Weise konserviert. Zucker bindet nämlich ebenso wie Salz Flüssigkeit, sodass unerwünschte Mikroorganismen regelrecht »verdursten«. Ähnlich wie Konfitüren und Marmeladen können die Früchte meist heiß in Schraub- oder Weckgläser gefüllt werden. Wenn der Zuckergehalt geringer ist, sollten Sie Kompotte jedoch zusätzlich im Glas sterilisieren. Auch bei rohen Früchten wie Aprikosen (S. 226) oder rohem Gemüse wie Gurken (S. 24) ist es wichtig, sie nicht nur mit heißem Sud zu übergießen, sondern zusätzlich noch zu sterilisieren – so verhindern Sie, dass Ihre kostbare »Ernte« im Glas zu gären beginnt.
Außer Schraub- oder Weckgläsern und einem großen Topf, in den mehrere Gläser passen, benötigen Sie keine speziellen Utensilien zum Einkochen.
Zum Trocknen von Äpfeln, Tomaten und Co. braucht man in südlichen Gefilden nichts außer der Sommersonne. In unseren Breiten empfiehlt es sich jedoch, dass man sich zum Trocknen ein Dörrgerät anschafft.

Brot –

und was dazu schmeckt

Krustenbrot mit Koriander und Kümmel
Landbrot nach französischer Art (La Miche)
Apfel-Griebenschmalz mit Kräutern und Zwiebeln
Scharf-saure Gurken mit Peperoni und Zwiebeln
Focaccia mit Rosmarin und Datteltomaten
Crostini mit Bohnencreme und Forellenstreifen
Röstbrot mit marinierten Sardellen
Gebeizter Pfefferlachs mit Wildkräutersalat
Bratsaiblingfilets mit Sauerampfer-Sahne
Schinkensülze mit Kerbel und Schalotten
Kalbsleberwurst mit Zwiebeln und Tomaten
Traditionelle Rehterrine mit Portwein und Tomaten
Enten-Rilettes mit Melonensalat
Ente weiß-sauer mit Wurzelgemüse und Melisse
Gefüllte Hähnchenflügel mit Radieschenblätter-Bärlauch-Salsa

Brotback-Ritual

Zugegeben, Brot selbst zu backen, ist relativ aufwendig – aber für ein gutes Sauerteigbrot lohnt sich die Mühe allemal! Die Zubereitung ist einfacher, als man denkt, und die Zeit, die man benötigt, kann man flexibel seinem Alltagsrhythmus anpassen.

Freitag ist zum Beispiel mein »Brottermin«. Da nehme ich den Sauerteigansatz aus dem Kühlschrank, rühre vor dem Schlafengehen den Vorteig an und backe dann am Samstag gegen Mittag das Brot. Was ein Sauerteigansatz ist? Man könnte diese Mischung auch als die Keimzelle für den Sauerteig bezeichnen, denn ihre Milchsäurebakterien setzen die Gärung in Gang. Diesen Starter können Sie selbst ansetzen, indem Sie einfach Roggenmehl und Wasser zu einem cremigen Teig verrühren und diesen ein paar Tage ruhen lassen. Irgendwann beginnt die Mischung zu fermentieren: Es bilden sich kleinere und größere Bläschen, der Teig schäumt – und fertig ist der Sauerteigansatz. Dabei kann es allerdings auch zu Fehlgärungen kommen, dann riecht der Ansatz unangenehm und ist unbrauchbar. Deshalb ist es einfacher, bei den ersten Backexperimenten einen fertigen Sauerteigansatz zu verwenden. Sie bekommen ihn bei einem Bäcker, der wirklich noch selbst bäckt (manchmal auch unter dem Namen Anstellsauer). Wenn Sie dann, wie in Schritt 2 des folgenden Rezepts beschrieben, vom gereiften Vorteig ein Stück abnehmen, wird das der Sauerteigansatz für Ihr nächstes Brot. In einem Glas hält er sich im Kühlschrank gut 3 Wochen, mit Mehl trocken verkrümelt noch länger.

Wann ist mein Brot durchgebacken?

Es gibt einen einfachen Trick, um das zu prüfen: Klopfen Sie auf die Unterseites des Brots – wenn es hohl klingt, sind Sie auf dem richtigen Weg. Die präziseste Methode ist jedoch, den rohen Teig zu wiegen. Dann können Sie ganz exakt bestimmen, wann Ihr Brot fertig ist. Gebacken sollte es 11–13 % leichter sein.

Krustenbrot
mit Koriander und Kümmel (siehe Foto S. 17)

AUFWAND: ★★★
ZUBEREITUNGSZEIT: insgesamt ca. 30 Min.
RUHEZEIT: ca. 24 Std.
BACKZEIT: ca. 65 Min.
1 BROT: ca. 4800 kcal

ZUTATEN FÜR 1 BROT (CA. 2 KG):
100 g Sauerteigansatz (Anstellsauer; vom Bäcker oder selbst gemacht, siehe S. 16)
900 g Roggenmehl (Type 1150)
je 1 EL Korianderkörner, Nigella- und Kümmel- oder Fenchelsamen
450 g Weizenmehl (Type 550 oder 405)
1 Päckchen Trockenhefe (ca. 7 g)
30 g Salz

1. Am Vortag den Sauerteigansatz mit 1 EL Roggenmehl und 2 EL lauwarmem Wasser in einer Schüssel dickflüssig verrühren. Die Mischung an einem warmen Ort 3–6 Std. gären lassen, bis sich Bläschen bilden (1).

2. 50 g des gegorenen Sauerteigansatzes mit 350 g Roggenmehl und 350 ml lauwarmem Wasser in einer Schüssel zu einem Vorteig mischen. Den restlichen Sauerteigansatz in den Kühlschrank stellen. Den Vorteig mit einem Küchentuch und einer Plastiktüte zudecken und bei Zimmertemperatur 12–15 Std. – am besten über Nacht – reifen lassen (er sollte feucht und vollständig von Bläschen durchzogen sein). Dann 2 EL Vorteig abnehmen, mit 1 EL Roggenmehl und 2 EL Wasser in einem verschließbaren Glas verrühren und kühl stellen – das ist der neue Ansatz für das nächste Brot.

3. Am Zubereitungstag die Gewürze im Mörser grob zerstoßen. Das restliche Roggenmehl mit 550 ml Wasser, dem übrigen kühl gestellten Sauerteigansatz, Weizenmehl, Hefe, Salz, der Hälfte der Gewürze und dem Vorteig in einer Schüssel zu einem glatten Teig verkneten (2). Den Teig 1 Std. ruhen lassen. Dann auf der mit Roggenmehl bestäubten Arbeitsfläche zu einem runden Laib formen. Den Laib in einen mit Roggenmehl bestäubten Gärkorb oder in eine mit einem bemehlten Küchentuch ausgelegte Schüssel setzen (3). Mit einem Küchentuch zudecken, die Plastiktüte locker darüberlegen und den Teig etwa 2 Std. auf gut die 1½-fache Größe aufgehen lassen.

4. In der Zwischenzeit ein Blech direkt auf den Ofenboden legen, einen Backstein unten und einen zweiten Backstein (oder ein Backblech) oben in den Ofen schieben. Den Backofen auf 280° (Umluft nicht geeignet) vorheizen. Das Brot auf den unteren heißen Stein stürzen (4), mit einer nassen Hand die Oberfläche befeuchten und die Gewürze darüberstreuen. Die Backofentemperatur auf 250° reduzieren, ca. 200 ml Wasser auf das untere Blech gießen und das Brot 15 Min. backen. Danach den Ofen kurz öffnen, damit die Feuchtigkeit abziehen kann. Das Brot in etwa 50 Min. goldbraun backen. Herausnehmen und auf einem Gitter abkühlen lassen.

1

2

3

4

Landbrot
nach französischer Art (La Miche)

AUFWAND: ★★★★
ZUBEREITUNGSZEIT:
insgesamt ca. 45 Min.
RUHEZEIT: ca. 27 Std.
BACKZEIT: ca. 50 Min.
1 BROT: ca. 2105 kcal

ZUTATEN FÜR 1 BROT (CA. 700 G):
5 g frische Hefe (nicht mehr)
150 g Weizenmehl (Type 550 oder 1050)
20 g Salz
je 200 g Weizen- und Dinkelvollkornmehl
100 g Roggenmehl (Type 1150)
+ etwas Mehl zum Bestäuben
30 g Sauerteigansatz (nach Belieben für zusätzliches Aroma; vom Bäcker oder selbst gemacht, siehe S. 16)
etwas Öl für die Schüssel

Brothandwerk

Das Rezept für dieses Brot stammt von dem fränkischen Bäcker Arnd Erbel. Er ist einer der wenigen, die noch nach traditionellen Handwerksmethoden arbeiten. Seine Brote werden nicht nur in der Region geschätzt, zu seinen Kunden gehören auch die besten Restaurants in ganz Deutschland. Erbels Brote bleiben lange frisch, weil er u. a. nur kleinste Mengen Triebmittel verwendet. Dass sie trotzdem locker gelingen, liegt am mehrmaligen »Aufziehen« des zunächst sehr weichen Teigs (vgl. Rezept): Er wird dadurch elastisch.

1. Für den Vorteig 150 ml lauwarmes Wasser mit 2 ½ g Hefe und dem Weizenmehl in einer Schüssel verrühren. Zugedeckt 6 Std. gehen lassen.

2. Für den Hauptteig das Salz mit 50 ml lauwarmem Wasser verrühren, bis es sich aufgelöst hat. 300 ml Wasser mit der restlichen Hefe in einer großen Schüssel verrühren. Die Vollkornmehle, das Roggenmehl, den Vorteig und nach Belieben den Sauerteigansatz dazugeben und verkneten. Den weichen Teig auf der Arbeitsfläche oder in der Küchenmaschine 10 Min. kräftig kneten. Dann wieder in die Schüssel geben und das Salzwasser unterkneten. Den Teig auf der Arbeitsfläche etwa 2 Min. weiterkneten, anschließend in einer leicht geölten Schüssel bei Zimmertemperatur etwa 2 Std. gehen lassen, bis sich sein Volumen verdoppelt hat.

3. Den Teig »aufziehen«: Dafür den weichen Teig mit nassen Händen hochheben (er »läuft« an den Seiten herunter) und wieder in die Schüssel legen (»zusammenklappen«). Den Vorgang dreimal wiederholen. Den Teig 30 Min. ruhen lassen und zugedeckt etwa 12 Std. kühl stellen.

4. Den Teig aus dem Kühlschrank nehmen und 2 Std. stehen lassen. Ein Tuch mit Roggenmehl bestäuben und den Gärkorb oder eine flache Schüssel damit auslegen. Den Teig noch einmal »aufziehen«: Dafür auf der bemehlten Arbeitsfläche hochheben und über die Mitte zusammenlegen. Den Vorgang viermal wiederholen. Den Teig mit der bemehlten Seite nach unten in den Gärkorb legen. Etwa 4 Std. gehen lassen, bis sich sein Volumen verdoppelt hat, dann im Kühlschrank mindestens 1 Std. ruhen lassen.

5. Einen Backstein in die Mitte und einen zweiten (oder ein Backblech) oben in den Backofen schieben. Den Backofen auf 240° (Umluft nicht geeignet) vorheizen. Das Brot auf den heißen Stein in der Backofenmitte stürzen und den Laib mit einem scharfen Messer rautenförmig einschneiden. 1 Tasse Wasser in den Ofen schütten und die Ofentüre rasch schließen. Nach 10 Min. die Backofentemperatur auf 220° reduzieren und das Brot in etwa 40 Min. fertig backen.

Apfel-Griebenschmalz
mit Kräutern und Zwiebeln

AUFWAND: ★★★
ZUBEREITUNGSZEIT: ca. 45 Min.
RUHEZEIT: ca. 1 Std.
PRO GLAS: ca. 1385 kcal

ZUTATEN FÜR 3 GLÄSER (JE 250 ML INHALT):
500 g Rückenspeck vom Schwein (in ½ cm dicken Scheiben; siehe Tipp)
250 g Zwiebeln
2 säuerliche Äpfel
75 g getrocknete Apfelringe (siehe S. 230)
8 Wacholderbeeren
1 TL getrocknetes Bohnenkraut (oder getrockneter Thymian)
Salz | Pfeffer

Grüner Speck

Anders als durchwachsener Speck ist Rückenspeck weiß, weil er kein rotes Muskelfleisch hat. In manchen Gegenden heißt er auch »grüner Speck«, wobei grün bedeutet, dass der Speck weder gesalzen noch geräuchert wurde. Übrigens: Speck lässt sich leichter schneiden, wenn Sie ihn im Tiefkühlfach kurz anfrieren lassen.

1. Den Speck in etwa ½ cm große Würfel schneiden (siehe Tipp). Die Speckwürfel mit 1 Schuss Wasser in einen kleinen Topf geben und bei mittlerer Hitze 20–25 Min. zerlassen, bis sie goldbraun sind (Grieben) und das Fett klar ist. Das Schmalz durch ein Sieb in einen Topf gießen und die Grieben beiseitestellen.

2. Die Zwiebeln schälen, halbieren und in dünne Scheiben schneiden. Die Äpfel vierteln, schälen und die Kerngehäuse entfernen. Die Viertel in kleine Würfel schneiden. Die Zwiebeln mit 6 EL Schweineschmalz in eine Pfanne geben und bei mittlerer Hitze unter häufigem Rühren in 5 Min. hellbraun braten. Die getrockneten Apfelringe fein hacken, mit den frischen Apfelwürfeln zu den Zwiebeln geben und 3 Min. mitdünsten. Die Wacholderbeeren mit der Breitseite eines großen Messers andrücken, fein hacken und mit dem Bohnenkraut unterrühren.

3. Die Apfel-Zwiebel-Mischung zu dem restlichen Schmalz in den Topf geben und aufkochen lassen. Das Schmalz mit Salz und Pfeffer würzen und die Grieben unterrühren. Das Griebenschmalz heiß in Schraubgläser (für den Vorrat) oder in Steinguttöpfchen (zum baldigen Servieren) füllen, verschließen und etwa 1 Std. abkühlen lassen. Im Kühlschrank hält sich das Apfel-Griebenschmalz mehrere Wochen.

Scharf-saure Gurken
mit Peperoni und Zwiebeln

AUFWAND: ★★★★
ZUBEREITUNGSZEIT: ca. 30 Min.
RUHEZEIT: ca. 48 Std.
PRO GLAS: ca. 230 kcal

ZUTATEN FÜR 3 GLÄSER (JE 450 ML INHALT):
1 kg kleine Einlegegurken
75 g Salz
3 Zwiebeln
3–4 rote Peperoni
1 Bund Dill (oder Fenchelkraut)
400 ml Weißweinessig
50 g Zucker
3 Lorbeerblätter
je 1 EL Koriandersamen und Senfkörner

1. Am Vortag die Gurken waschen und jeweils die Enden ein wenig abschneiden (so bleiben die Gurken knackig). Die Gurken mit 2 l Wasser und dem Salz in eine Schüssel geben. Mit Klarsichtfolie bedecken und mit einem Teller beschwert 24 Std. an einem kühlen Ort stehen lassen.

2. Am nächsten Tag die Schraubgläser in den nicht vorgeheizten Backofen stellen und bei 125° etwa 10 Min. sterilisieren. Die Deckel in kochendem Wasser mindestens 5 Min. sterilisieren, herausnehmen und auf einem Küchentuch abtropfen lassen. Nach Belieben können Sie auch Weckgläser verwenden: Dann die Gläser und Deckel im Ofen (wie Schraubgläser) und die Gummidichtungen 5 Min. in kochendem Wasser sterilisieren.

3. Die Gurken abgießen. Die Zwiebeln schälen und in 1 cm dicke Scheiben schneiden. Die Peperoni waschen und in Ringe schneiden. Den Dill abbrausen und trocken schütteln. Den Essig mit 800 ml Wasser und dem Zucker in einem großen Topf aufkochen. Die Zwiebelscheiben und die Gurken in die kochende Flüssigkeit geben und 1 Min. mitkochen.

4. Die Gurken mit Zwiebeln, Peperoni, Dill, Lorbeerblättern und Gewürzen eng in die Gläser schichten. Den Einmachfond erneut aufkochen und die Gläser mit der kochend heißen Flüssigkeit bis zum Rand füllen, sofort verschließen und mindestens 1 Tag durchziehen lassen. (Bei der Verwendung von Weckgläsern die Gurken noch 10 Min. einkochen, wie auf S. 40 beschrieben.) Kühl und dunkel aufbewahrt, sind die scharf-sauren Gurken mindestens 1 Jahr haltbar.

Immer wieder anders

Wenn Sie Gurken selbst einlegen, können Sie Kräuter und Gewürze nach Herzenslust variieren. Probieren Sie die Gurken mal mit Piment- oder Pfefferkörnern, Koriandersamen, Meerrettich und Dillblüten. Viele Würzzutaten wie Peperoni, Zwiebeln und Senfkörner wirken zusätzlich auf natürliche Weise keimtötend und sorgen so dafür, dass die Gurken lange haltbar sind.

Focaccia
mit Rosmarin und Datteltomaten

AUFWAND: ★★★★
ZUBEREITUNGSZEIT: ca. 55 Min.
RUHEZEIT: ca. 10 Std.
PRO PERSON: ca. 490 kcal
(bei 8 Personen)

ZUTATEN FÜR 6–8 PERSONEN:
1 kg Weizenmehl (Type 550)
+ etwas Mehl zum Bestäuben
½ Würfel Hefe (ca. 20 g)
30 g Salz
5 EL Olivenöl
250 g Datteltomaten
3 Zweige Rosmarin
grobes Meersalz

Langes Ruhen

Die Focaccia schmeckt umso aromatischer, je länger der Teig »gehen« durfte. Deshalb empfiehlt es sich, ihn rechtzeitig anzusetzen und an einem kühlen Ort ruhen zu lassen. Übrigens: So bleibt die Focaccia dann auch länger frisch.

1. Das Mehl mit der zerkrümelten Hefe und 650 ml kaltem Wasser in eine große Schüssel geben und 10 Min. kneten. Das Salz mit 100 ml Wasser mischen, dazugeben und alles noch ein paar Minuten weiterkneten (der Teig ist dann immer noch weich und klebrig!). Die Schüssel mit einem Küchentuch und einer Plastiktüte zudecken und den Teig an einem kühlen Ort 8 Std. gehen lassen.

2. Den Teig »aufziehen«: Dafür den weichen Teig mit nassen Händen hochheben (er »läuft« an den Seiten herunter) und wieder in die Schüssel legen (»zusammenklappen«). Den Vorgang dreimal wiederholen. Den Teig zugedeckt weitere 2 Std. ruhen lassen.

3. Den Backofen auf 240° Umluft vorheizen (oder auf 260° Ober-/Unterhitze und die Focaccias nacheinander backen). Zwei Backbleche mit wenig Olivenöl bestreichen und mit Mehl bestäuben. Den Teig mit angefeuchteten Händen halbieren, jeweils eine Hälfte auf ein Blech legen und 15 Min. ruhen lassen.

4. Inzwischen die Tomaten waschen, trocken tupfen und längs halbieren. Den Rosmarin abbrausen, trocken schütteln und die Nadeln abstreifen. Die Teigstücke mit angefeuchteten Händen flach drücken. Die Tomaten und den Rosmarin auf den Teigfladen verteilen, mit Meersalz bestreuen und mit dem restlichen Olivenöl beträufeln. Die Focaccias im Ofen (Mitte) in 20–25 Min. goldbraun backen. Nach 12 Min. die Bleche tauschen, damit die Fladenbrote gleichmäßig backen.

Crostini
mit Bohnencreme und Forellenstreifen

AUFWAND: ★★★★
ZUBEREITUNGSZEIT:
insgesamt ca. 45 Min.
EINWEICHZEIT: 24 Std.
GARZEIT: ca. 40 Min.
PRO PORTION: ca. 640 kcal

ZUTATEN FÜR 4 PERSONEN:
150 g kleine weiße Bohnenkerne
(z. B. Coco- oder Cannellinibohnen)
1 Zwiebel | 3 Knoblauchzehen
100 ml Olivenöl
6–8 gesalzene Sardellenfilets
(in Öl eingelegt; siehe Tipp)
Saft von ½ Zitrone
Salz | Pfeffer
12 kleine Weißbrotscheiben
¼ l Öl zum Frittieren
2 Forellenfilets (ca. 150 g; mit Haut)
3 EL Mehl
5 Stängel Oregano (oder Salbei)

Sardellen selbst einlegen

Selbst eingelegte Sardellen schmecken besonders fein: Dafür trocken gesalzene Sardellenfilets 2 Std. in kaltes Wasser legen. Die Filets trocken tupfen und mit Olivenöl und Gewürzen nach Belieben (z. B. Thymian, getrocknete Chilischoten und Zitronenschale) mindestens 2 Tage marinieren. Wenn Sie die Sardellenfilets mit einer Schicht Öl bedecken, sind sie luftdicht verschlossen und halten sich im Kühlschrank mehrere Wochen.

1. Am Vortag die Bohnen in reichlich kaltem Wasser 24 Std. einweichen. Am nächsten Tag die Bohnen in ein Sieb abgießen, mit 700 ml Wasser in einen Topf geben und zugedeckt bei kleiner Hitze in etwa 40 Min. weich kochen. Am Ende der Garzeit sollten die Bohnen gerade noch mit Kochwasser bedeckt sein – falls nötig, noch etwas Wasser dazugeben.

2. Die Zwiebel und den Knoblauch schälen und in feine Würfel schneiden. In einer Pfanne 2 EL Olivenöl erhitzen, Zwiebel und Knoblauch darin in 5 Min. glasig dünsten. Die Sardellenfilets hacken. Die Bohnen mit der restlichen Garflüssigkeit zur Zwiebel-Knoblauch-Mischung geben und 5 Min. mitkochen lassen. Das Bohnengemüse mit dem Stabmixer grob zerkleinern, dabei das restliche Olivenöl und den Zitronensaft untermixen. Die Sardellen unterrühren und die Bohnencreme mit Salz und Pfeffer würzen.

3. Die Weißbrotscheiben im Toaster oder unter dem Backofengrill goldbraun rösten. Das Öl zum Frittieren in einem kleinen Topf erhitzen (es ist heiß genug, wenn an einem Holzlöffelstiel, den man hineinhält, kleine Bläschen aufsteigen). Die Forellenfilets quer in 1 cm breite Streifen schneiden und mit wenig Salz würzen. Das Mehl auf einen Teller geben und die Forellenstreifen darin wenden. Die Streifen ins heiße Öl geben und goldbraun ausbacken. Mit dem Schaumlöffel herausheben und auf Küchenpapier abtropfen lassen.

4. Den Oregano abbrausen und trocken tupfen, die Blätter abzupfen und fein hacken. Die Crostini mit der Bohnencreme bestreichen, mit den knusprigen Forellenstreifen belegen und mit dem Oregano bestreuen.

Röstbrot
mit marinierten Sardellen

AUFWAND: ★★★
ZUBEREITUNGSZEIT: ingesamt ca. 20 Min.
MARINIERZEIT: ca. 12 Std.
PRO PORTION: ca. 645 kcal

ZUTATEN FÜR 4 PERSONEN:
1 Bio-Zitrone
1 TL Szechuanpfeffer (oder schwarze Pfefferkörner)
6 Stängel Oregano
200 ml Olivenöl
2–3 frische Lorbeerblätter
12 große Sardellen oder kleine Sardinen (küchenfertige Doppelfilets; siehe Tipp)
4 Scheiben Krustenbauernbrot
1 kleine Gärtnergurke
½ Bund Schnittlauch
Fleur de Sel | 1 EL Butter

1. Am Vortag die Zitrone heiß waschen, abtrocknen und die Schale mit einem scharfen Messer möglichst dünn abschälen. Den Pfeffer im Mörser leicht zerstoßen oder in der Pfeffermühle grob schroten. Den Oregano abbrausen und trocken schütteln. Das Olivenöl in einen Topf geben und mit Oreganostängeln, Pfeffer, Zitronenschale und Lorbeerblättern lauwarm erhitzen. Vom Herd nehmen und die Kräuter und Gewürze ziehen lassen, bis das Öl abgekühlt ist. Die Fischfilets waschen und trocken tupfen, in einer Schüssel mit dem Gewürzöl übergießen und 12 Std. – am besten über Nacht – im Kühlschrank marinieren.

2. Am nächsten Tag die Brotscheiben halbieren und im Toaster oder unter dem Backofengrill goldbraun rösten. Die Gurke schälen, längs vierteln und mit einem Messer die Kerne abschneiden. Die Gurkenviertel quer in möglichst dünne Scheiben schneiden. Den Schnittlauch abbrausen, trocken schütteln und in Röllchen schneiden. Die Zitrone auspressen.

3. Die Sardellen aus der Marinade nehmen. Die Gurkenscheiben und Sardellenfilets mit Zitronensaft und Fleur de Sel würzen. Die warmen Röstbrote mit Butter bestreichen, mit Sardellen und Gurkenscheiben belegen und mit Schnittlauch bestreuen.

Sardellen filetieren – so gelingt's garantiert

Wenn Ihr Fischhändler die kleinen Fische nicht filetiert anbietet, machen Sie das einfach selbst. Dafür die ausgenommenen Sardellen jeweils rechts und links des Kopfes bis zur Rückengräte einschneiden. Mit Daumen und Zeigefinger der einen Hand in der Bauchhöhle die beiden Filets leicht nach unten drücken und mit der anderen Hand den Kopf samt Rückengräte und den feinen Brustgräten nach oben ziehen. Schneiden Sie die Rückengräte kurz vor der Schwanzflosse ab – die Sardellen sehen mit Schwanzflosse dekorativer aus.

Haltbar und würzig

Als skandinavische Fischer einst auf die Idee kamen, Lachs einzusalzen, ging es ihnen nicht um kulinarische Verfeinerung, sondern darum, den Fisch haltbar zu machen. Zusätzlich wurde der Gravlaks oder Gravad lax damals einige Tage eingegraben – daher der Name.

Heute kommt der Lachs nicht mehr unter die Erde, und auch die Beizen sind milder. Der Fisch bleibt saftig und schmeckt viel feiner als das historische Original. In Skandinavien wird Graved Lachs traditionell mit Meersalz, Zucker, Pfeffer und reichlich Dill zubereitet. In dem folgenden Rezept sorgt eine raffinierte Pfeffermischung für eine ganz neue Note, wobei die einzelnen Pfeffersorten – jede auf ihre Art – einen Beitrag dazu leisten. Schwarzer Pfeffer spendet das bekannte volle Pfefferaroma, der grün geerntete sorgt für Farbe und eine milde, frische Schärfe. Kubeben- oder Stielpfeffer schmeckt leicht bitter, indonesischer Langpfeffer dafür eher süßlich und warm. Paradieskörner gehören gar nicht wirklich zur Pfefferfamilie, sondern zu den Ingwergewächsen. Ihre Samen schmecken nicht nur pfeffrig, sondern auch fruchtig. Für fruchtige Frische sorgt zudem Szechuanpfeffer, der streng botanisch auch kein Pfeffer ist. Chilischoten können je nach Sorte sehr unterschiedlich ausfallen: Milde Schoten runden die Pfeffermischung harmonisch ab, scharfe thailändische Chilisorten geben ihr einen zusätzlichen Kick. Wenn Sie die Zucker- und Salzmenge beibehalten (die ist zum Konservieren wichtig), können Sie das Rezept mit Gewürzen Ihrer Wahl frei variieren.

Nachhaltige Fischzucht – für Genuss mit gutem Gewissen

In großen Gehegen unter artgerechten Bedingungen gezüchtet, ist Lachs aus Bio-Aquakultur ein Fisch, der nicht nur besonders aromatisch schmeckt. Man kann ihn auch guten Gewissens kaufen. Selbst das Futter für den Raubfisch wird nicht einfach geangelt, sondern aus Getreide und Resten aus nachhaltiger Fischerei gemischt.

Gebeizter Pfefferlachs
mit frischem Dill

AUFWAND: ★★★★
ZUBEREITUNGSZEIT:
insgesamt ca. 20 Min.
RUHEZEIT: 24 Std.
PRO PORTION: ca. 535 kcal

ZUTATEN FÜR 12 PERSONEN:
1½ Bund Dill
je 1 TL Paradieskörner (Malagettapfeffer), schwarze und grüne Pfefferkörner (frisch oder eingelegt)
je 1 TL Kubeben- oder Stielpfeffer und Szechuanpfeffer
4 Langpfeffer
½ getrocknete Chilischote
90 g Zucker
100 g Salz
1 Lachsfilet (ca. 1½ kg; mit Haut)

1. Am Vortag den Dill abbrausen und trocken schütteln, die Spitzen abzupfen und in Klarsichtfolie gewickelt für die Gewürzmischung im Kühlschrank aufbewahren. Die Dillstängel grob hacken. Die Pfeffersorten samt zerbröselter Chilischote im Mörser oder Blitzhacker fein zerstoßen (1). Die Hälfte der Pfeffermischung zum Garnieren beiseitestellen. Die restliche Pfeffermischung mit dem gehackten Dill, Zucker und Salz in einer Schüssel mischen.

2. Die Hälfte der Pfefferbeize in eine große flache Form streuen. Das Lachsfilet abbrausen und trocken tupfen, mit der Hautseite nach unten in die Form legen und mit der restlichen Pfefferbeize bedecken (2). Das Filet mit Klarsichtfolie bedecken, mit einem Schneidebrett beschweren und im Kühlschrank 12 Std. ziehen lassen. Dann das Lachsfilet wenden und weitere 12 Std. im Kühlschrank beizen.

3. Am nächsten Tag das Lachsfilet abbrausen und trocken tupfen (3). Die Dillspitzen hacken und mit der restlichen Pfeffermischung mischen. Die Gewürzmischung auf das Lachsfilet streuen, dabei leicht andrücken (4). Den Lachs schräg in dünne Scheiben schneiden und nach Belieben mit Wildkräutersalat und gebratenen Pilzen (siehe Tipp) servieren. Im Kühlschrank hält sich der gebeizte Lachs mindestens 5–7 Tage.

Gebeizter Pfefferlachs mit Wildkräutersalat *(siehe Foto S. 33)*

Zum gebeizten Pfefferlachs passt perfekt ein frischer Wildkräutersalat: Dafür 2 Handvoll Wildkräuter (z. B. junger Giersch, Vogelmiere, Gänseblümchen, Sauerampfer, Gewürztagetes, Spitzwegerich) waschen und trocken schleudern, große Blätter in mundgerechte Stücke zupfen. Für die Vinaigrette 2 EL Aceto balsamico, 1 TL Honig, 1 TL Senf, Salz, Pfeffer und 5 EL Olivenöl verrühren. 400 g Waldpilze putzen und trocken abreiben, größere Exemplare in Stücke oder Scheiben schneiden. Die Pilze in einer Pfanne in 1–2 EL Butter bei großer Hitze 5 Min. braten und mit Salz und Pfeffer würzen. Die Wildkräuter mit der Vinaigrette mischen. Den Wildkräutersalat mit den Pilzen und Lachsscheiben auf Tellern anrichten. Dazu passt Krustenbrot – selbst gebacken (siehe S. 18) oder von Ihrem Lieblingsbäcker.

1

2

3

4

Bratsaiblingfilets
mit Sauerampfer-Sahne

AUFWAND: ★★★★
ZUBEREITUNGSZEIT: ca. 45 Min.
MARINIERZEIT: ca. 4 Tage
PRO PORTION: ca. 345 kcal

ZUTATEN FÜR 4 PERSONEN:
Für die Bratsaiblingfilets:
1 Zwiebel | 1 Möhre
1 Stück Meerrettich (ca. 50 g)
½ Knolle Fenchel
¼ l Estragonessig
Salz
2 Lorbeerblätter
4 Pimentkörner
1 TL Fenchelsamen
1 TL rote Pfefferbeeren
600 g Saiblingfilets (mit Haut)
etwas Mehl zum Bestäuben
3 EL Olivenöl
Für die Sauerampfer-Sahne:
150 g saure Sahne
1 Handvoll Sauerampfer
½ Bund Petersilie
2 Frühlingszwiebeln
Salz | Pfeffer

1. Für die Bratsaiblingfilets die Zwiebel, die Möhre und den Meerrettich schälen. Den Fenchel putzen und waschen. Alles in etwa 1 cm große Würfel schneiden. Die Gemüsewürfel mit 400 ml Wasser, Essig, ½ TL Salz, Lorbeerblättern, Pimentkörnern, Fenchelsamen und Pfefferbeeren in einen Topf geben, aufkochen und bei kleiner Hitze 10 Min. köcheln lassen. Den Topf vom Herd nehmen und die Marinade abkühlen lassen.

2. Die Saiblingfilets waschen, trocken tupfen und quer in 3 cm breite Streifen schneiden (dünne, kleine Gräten im Fischfilet können Sie vernachlässigen, nach einigen Tagen in der Marinade lösen sie sich weitgehend auf). Die Fischstreifen mit sehr wenig Mehl bestäuben. Das Olivenöl in einer beschichteten Pfanne erhitzen und die Fischstreifen darin auf der Hautseite 3 Min. braten, wenden und 1 Minute weitergaren. Die Bratsaiblingstreifen in eine flache Form legen, mit der Marinade übergießen und zugedeckt im Kühlschrank 3–4 Tage ziehen lassen.

3. Zum Servieren für die Sauerampfer-Sahne die saure Sahne in einer Schüssel glatt rühren. Den Sauerampfer und die Petersilie abbrausen und trocken schütteln, die Blätter von den Stängeln zupfen und in Streifen schneiden. Die Frühlingszwiebeln putzen, waschen und in Ringe schneiden. Die Kräuter und die Frühlingszwiebeln zur sauren Sahne geben, mit Salz und Pfeffer würzen und alles locker mischen. Die Bratsaiblingfilets mit etwas Marinade und der Sauerampfer-Sahne servieren. Dazu passen Salzkartoffeln oder Krustenbrot (siehe S. 18).

Schinkensülze
mit Kerbel und Schalotten

AUFWAND: ★★★★
ZUBEREITUNGSZEIT: ca. 1 Std.
GARZEIT: ca. 3 Std.
RUHEZEIT: 24 Std.
PRO PORTION: ca. 360 kcal

ZUTATEN FÜR 4 PERSONEN:
2 Zwiebeln | 3 Möhren
1 Petersilienwurzel
3 Stangen Staudensellerie
1 Stange Lauch
2 Knoblauchzehen
½ Bund Petersilie
6 Zweige Thymian
1½ kg Schweinefüße (in Stücke gehackt)
1½ kg mild gepökelter roher Schinken (nicht geräuchert; beim Metzger vorbestellen)
1½ l Weißwein (z. B. Riesling)
1 TL Kümmelsamen
1 TL schwarze Pfefferkörner
1 Lorbeerblatt
Salz | Pfeffer
100 g Schalotten
100 g Kerbel

1. Am Vortag die Zwiebeln, die Möhren und die Petersilienwurzel schälen. Den Sellerie putzen und waschen, den Lauch putzen, längs aufschneiden und waschen. Alles in walnussgroße Stücke schneiden. Den ungeschälten Knoblauch mit der Breitseite eines großen Messers andrücken. Die Kräuter abbrausen und trocken schütteln. Die Schweinefußstücke waschen und mit dem Schinken, Gemüse, Knoblauch, Kräutern, Wein und Gewürzen in einen großen Topf geben. Mit kaltem Wasser aufgießen und leicht salzen. Aufkochen und bei kleiner Hitze etwa 3 Std. köcheln lassen, dabei gelegentlich mit dem Schaumlöffel den Schaum entfernen. Der Schinken sollte immer mit Flüssigkeit bedeckt sein, falls nötig, etwas Wasser nachgießen.

2. Den Schinken und die Schweinefußstücke aus der Brühe nehmen. Die Brühe durch ein feines Sieb in einen Topf gießen und auf 1 l einkochen lassen, mit Salz und Pfeffer würzen und abkühlen lassen. Die abgekühlte Brühe in den Kühlschrank stellen.

3. Das erstarrte Fett von der Brühe abnehmen – die Brühe sollte jetzt gut geliert sein. (Falls nicht, 1 Blatt Gelatine in kaltem Wasser einweichen, in etwas heißer Brühe auflösen und unter die lauwarme Brühe mischen.) Die Brühe sanft erhitzen, bis sie flüssig ist. Den Schinken in 1–2 cm große Würfel schneiden. Nach Belieben auch das Fleisch von den Knochen lösen und fein hacken. Die Schalotten schälen und in feine Würfel schneiden. Den Kerbel abbrausen und trocken schütteln, die Blätter abzupfen und klein schneiden. Die Schalottenwürfel und den Kerbel mischen. Eine Terrinen- oder Kastenform mit Wasser ausspülen und mit Klarsichtfolie auskleiden. Abwechselnd Fleischwürfel und Kerbel-Schalotten-Mischung einschichten und mit der Brühe auffüllen. Die Sülze im Kühlschrank 24 Std. durchziehen und erstarren lassen.

4. Vor dem Servieren die Sülze in Scheiben schneiden und nach Belieben unter dem Backofengrill ganz leicht anwärmen. Dazu passen Kopfsalat mit einer fruchtigen Senf-Vinaigrette und Krustenbrot (siehe S. 18).

Kalbsleberwurst
mit Zwiebeln und Tomaten

AUFWAND: ★★★★
ZUBEREITUNGSZEIT: ca. 55 Min.
GARZEIT: ca. 1 Std.
EINKOCHZEIT: 2 Std.
PRO GLAS: ca. 695 kcal

FÜR 6 GLÄSER (JE 330 ML INHALT):
Salz
1 kg Schweinebauch (mit Schwarte)
1 kg Kalbsleber (am Stück)
100 g Zwiebeln
2 Knoblauchzehen
2 EL Olivenöl
50 g halb getrocknete Tomaten (siehe S. 230)
2 TL gemahlene Muskatblüte (Macispulver)
1 TL gemahlener Piment
1 TL getrockneter Oregano
½ TL Chiliflocken

Wurst einkochen

Sie können die Leberwurst statt in Gläsern auch in Dosen einkochen. Im Haushaltswarenhandel gibt es moderne Dosen, die ähnlich wie Einkochgläser mit Gummiringen verschlossen werden, mehrfach verwendbar sind und sehr hübsch aussehen. Übrigens: Gewürze verlieren bei der Lagerung etwas an Aroma, schmecken Sie die Wurstmasse deshalb kräftig ab.

1. In einem Topf 2 l Wasser mit 3 EL Salz zum Kochen bringen. Den Schweinebauch darin bei kleiner Hitze etwa 1 Std. garen.

2. Die Kalbsleber abbrausen und trocken tupfen. Sehnen, Gefäße und Bindegewebe wegschneiden sowie dicke Stellen 1 cm tief einschneiden. 10 Min. vor Garzeitende die Leber zum Schweinebauch in die Brühe geben und ziehen lassen. Dann die Leber und den Schweinebauch herausnehmen und etwas abkühlen lassen. Die Brühe beiseitestellen.

3. Inzwischen die Zwiebeln und den Knoblauch schälen, vierteln und in dünne Scheiben schneiden. In einer Pfanne das Olivenöl erhitzen, Zwiebeln und Knoblauch darin in 5 Min. glasig dünsten. Die Tomaten hacken und kurz mitdünsten.

4. Die Schwarte vom Schweinebauch abschneiden, die Hälfte des Fleischs in möglichst kleine Würfel schneiden. Das restliche Fleisch, die Schwarte und die Kalbsleber in große Stücke schneiden und zusammen mit der gedünsteten Zwiebel-Tomaten-Mischung zweimal durch den Fleischwolf drehen. Die kleinen Fleischwürfel mit den Gewürzen und ¼ l abgekühltem Kochfond unter die Lebermasse rühren und gründlich verkneten. Einige Minuten ruhen lassen und dann mit etwa 2 TL Salz kräftig würzen.

5. Die Wurstmasse in Weck- oder Schraubdeckelgläser bis 3 cm unter den Rand füllen (die Masse geht beim Einkochen auf!) und die Gläser verschließen. Ein Küchentuch auf den Boden eines Topfs legen und die Gläser hineinstellen. So viel heißes Wasser angießen, dass die Gläser bis zum Deckelrand darin stehen. Das Wasser zum Kochen bringen und die Leberwurst 2 Std. einkochen. Die Gläser im Topf abkühlen lassen. An einem kühlen Ort gelagert, hält sich die Leberwurst mindestens 3 Monate.

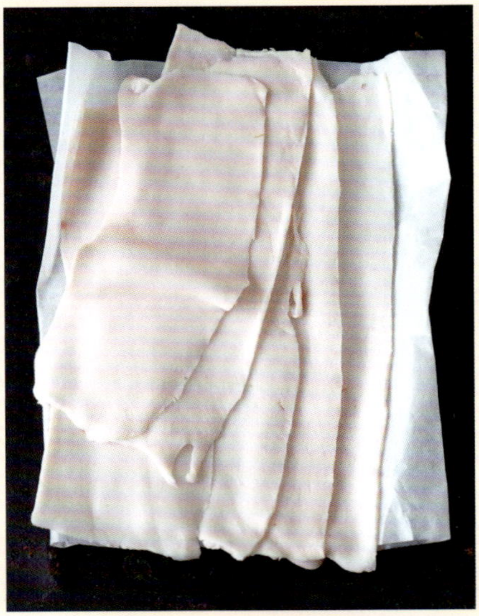

Für den großen Anlass

Viele Rezepte in diesem Buch brauchen zwar Zeit, machen aber nicht viel Arbeit. Die Rehterrine ist eine Ausnahme – hier gibt es wirklich eine Menge zu tun. Damit sich der Aufwand lohnt, ist das folgende Rezept für zwei Terrinen berechnet.

Servieren Sie die Terrinen zu einem Fest – oder verschenken Sie eine als kulinarisches Mitbringsel. Alternativ können Sie die Zutaten natürlich auch einfach halbieren. Weil für dieses Rezept eine Seite ausnahmsweise nicht reicht, packen wir es gleich hier an (die genauen Mengenangaben zur folgenden Anleitung finden Sie auf S. 44): Am Vortag für die Marinade Koriandersamen, Piment- und Pfefferkörner, Wacholderbeeren und Kardamonkapseln mit 10 Salbeiblättern im Mörser anquetschen und mit dem Wein in eine Schüssel geben. Für die Farce den Rehrücken auslösen (falls dies nicht schon der Wildhändler erledigt hat). Dafür die Filets jeweils mit einem langen Schnitt vom Knochen lösen und die Bauchlappen abschneiden. Die Knochen klein hacken. Die Filets und die Bauchlappen in die Marinade geben und über Nacht kühl stellen. Am Zubereitungstag den Speck und die zusätzlichen 400 g Rehfleisch grob würfeln und mit 15 g Salz durch die grobe Scheibe des Fleischwolfs drehen (siehe Bild 1, S. 45). Die Schalotten schälen und würfeln. Die Petersilienblätter hacken und mit Schalotten und 1 Prise Salz in der Butter 5 Min. dünsten. Den Portwein angießen und einkochen lassen. Die Schalottenmischung mit der Leber durch den Fleischwolf drehen. Die Lebermasse mit dem Hackfleisch mischen und kühl stellen. Jetzt sind Sie mittendrin im Rezept und gut vorbereitet, um den Rest lässig zu schaffen …

Wann ist die Terrine fertig?

Stechen Sie mit einer Rouladennadel in die Mitte der Terrine und zählen Sie bis 5. Dann ziehen Sie die Nadel heraus und halten sie an die Oberlippe. Ist sie fast heiß – mehr als warm, aber noch nicht richtig heiß –, ist die Terrine perfekt gegart.

Traditionelle Rehterrine
mit Portwein und Tomaten (siehe Foto S. 43)

AUFWAND: ★★★★
ZUBEREITUNGSZEIT:
insgesamt ca. 2 Std.
GARZEIT: ca. 2 ½ Std.
MARINIERZEIT: ca. 12 Std.
PRO PORTION: ca. 180 kcal

ZUTATEN FÜR 2 TERRINEN
(JE 1,5 L INHALT)
BZW. 50 PORTIONEN:
Für die Marinade:
1 TL Koriandersamen
1 TL Pimentkörner
1 TL schwarze Pfefferkörner
1 EL Wacholderbeeren
4 grüne Kardamomkapseln
1 Topf Salbei
½ l Weißwein
Für die Farce:
1 Rehrücken (oder 2 ganze Rehrückenfilets
+ die dazugehörigen Knochen)
300 g durchwachsener Speck
(roh, nicht geräuchert)
400 g Rehfleisch (aus der Keule oder Schulter)
Salz
3 Schalotten
1 Bund Petersilie
1 EL Butter
4 EL Portwein
100 g Reh- oder Geflügelleber
4 EL Öl
1 Möhre | 1 Zwiebel
4 EL passierte Tomaten (aus dem Tetrapak)
6 Zweige Thymian
2 Lorbeerblätter
1 Ei (M) | Pfeffer
ca. 500 g Rückenspeck (grüner Speck,
in dünnen Scheiben; siehe Tipp S. 22)

1. Am Vortag, wie auf S. 42 beschrieben, die Marinade zubereiten und die Rehrückenfilets darin über Nacht einlegen sowie die Farce vorbereiten. Am Zubereitungstag den Backofen auf 250° (230° Umluft) vorheizen und einen Bräter hineinstellen (Mitte). Die Rehfilets aus der Marinade nehmen, trocken tupfen und salzen. In einer Pfanne 1 EL Öl erhitzen und die Filets darin bei großer Hitze etwa 4 Min. rundherum anbraten. Die Knochen mit dem restlichen Öl in den heißen Bräter geben und im Ofen 10 Min. scharf braten. Die Möhre und die Zwiebel schälen und grob würfeln, zu den Knochen geben und 5 Min. mitbraten. Die passierten Tomaten unterrühren. Mit einem Drittel der Marinade ablöschen und vollständig einkochen lassen (2). Den Vorgang zweimal wiederholen, dann mit etwa ¾ l Wasser aufgießen. Den Thymian abbrausen, trocken schütteln und mit den Lorbeerblättern in den Bräter geben. Die Backofentemperatur auf 200° (180° Umluft) reduzieren, alles 1 Std. köcheln lassen, bis die Fleischreste an den Knochen weich sind. Ab und zu umrühren und, falls nötig, noch etwas Wasser zugeben. Den Rehfond durch ein Sieb in einen Topf gießen, auf 200 ml einkochen lassen und im Kühlschrank schnell abkühlen lassen.

2. Den Bräter in den Ofen stellen, etwa zwei Finger hoch mit Wasser füllen und die Backofentemperatur auf 150° (besser: 130° Umluft) einstellen. Gekühltes Hackfleisch, Ei und Rehfond 5 Min. verkneten, bis die Masse bindet, mit Salz und Pfeffer würzen (3).

3. Zwei Terrinen- oder Kastenformen mit grünem Speck auslegen, sodass sich die Scheiben etwas überlappen und etwa 5 cm über den Terrinenrand stehen. Ein Drittel der Farce in die beiden Formen verteilen. Die Hälfte der restlichen Salbeiblätter und je 1 Rehfilet darauflegen. Das zweite Drittel der Füllung in den Formen verteilen, mit den übrigen Salbeiblättern und je 1 Rehfilet belegen. Die restliche Farce darauf verteilen, glatt streichen. Die Formen einige Male auf den Tisch klopfen, damit eventuelle Luftblasen entweichen. Den überstehenden Speck einschlagen (4). Die Terrine in das Wasserbad im Ofen stellen und 1½ Std. garen (siehe Tipp S. 42). Die Rehterrine abkühlen lassen, vorsichtig aus der Form stürzen und in Scheiben schneiden. Dazu passen marinierte Steinpilze (siehe S. 60) oder eingelegte Preiselbeeren.

1

2

3

4

Enten-Rillettes
mit Melonensalat

AUFWAND: ★★★★
ZUBEREITUNGSZEIT:
insgesamt ca. 1 Std.
RUHEZEIT: ca. 26 Std.
GARZEIT: ca. 3 Std.
PRO PORTION: ca. 200 kcal
(bei 6 Personen)

ZUTATEN FÜR 4–6 PERSONEN:
Für die Rilettes:
4 Entenkeulen
3 EL Meersalz | 1 EL Zucker
500 g Enten- oder Gänseschmalz
2 Knoblauchzehen
1 TL schwarze Pfefferkörner
3 Pimentkörner
3 Wacholderbeeren
2 Gewürznelken
½ Bund Thymian
Salz | Pfeffer
Für den Salat:
½ Zuckermelone
(z. B. Cantaloupe- oder Netzmelone)
1 EL Weißweinessig
Salz | Pfeffer
3 EL Rapsöl | 1 Schalotte
½ Bund Estragon
½ Laib Landbrot (vom Bäcker oder selbst gemacht; siehe S. 20)

1. Am Vortag für die Rilettes die Entenkeulen jeweils im Gelenk durchschneiden, waschen und trocken tupfen. Das Fleisch mit Meersalz und Zucker einreiben. Die Entenkeulen eng in eine Schüssel schichten, mit Klarsichtfolie bedecken und im Kühlschrank 24 Std. ziehen lassen.

2. Am nächsten Tag die Entenkeulen aus der Lake nehmen und mit Küchenpapier trocken tupfen. Das Entenschmalz in einem Topf, in dem die Keulen gerade nebeneinander Platz haben, erhitzen. Die Keulen mit dem ungeschälten Knoblauch, Pfeffer, Piment, Wacholderbeeren und Gewürznelken in das Schmalz geben und bei sehr kleiner Hitze offen etwa 3 Std. garen. Am Ende der Garzeit fällt das Fleisch fast von den Knochen und das Schmalz ist ganz klar.

3. Den Thymian abbrausen und trocken schütteln, die Blättchen abstreifen und hacken. Die Keulen aus dem Fett nehmen und abkühlen lassen. Das Schmalz durch ein Sieb in einen Topf gießen. Das Fleisch von den Knochen lösen und nach Belieben mit oder ohne Haut grob hacken. Mit dem Thymian und ½ l Entenschmalz mischen. Die Rilettes mit Salz und Pfeffer würzen, in ein Gefäß füllen und zugedeckt etwa 2 Std. kühl stellen, bis die Masse erstarrt ist. Das restliche Schmalz in einem Schraubglas im Kühlschrank aufbewahren und als Brotaufstrich servieren.

4. Für den Salat kurz vor dem Servieren die Melone halbieren und die Kerne mit einem Löffel entfernen. Das Fruchtfleisch schälen und in kleine Würfel schneiden. Den Essig mit Salz und Pfeffer verrühren und das Öl kräftig unterschlagen. Die Schalotte schälen, in sehr feine Würfel schneiden und mit der Vinaigrette und den Melonenwürfeln in einer Schüssel gut mischen. Den Estragon abbrausen und trocken schütteln, die Blätter abzupfen, klein schneiden und unter den Melonensalat heben.

5. Das Brot in dünne Scheiben schneiden und mit Enten-Rillettes bestreichen. Auf jedes Brot etwas Melonensalat geben und mit Pfeffer bestreuen.

Ente weiß-sauer
mit Wurzelgemüse und Melisse

AUFWAND: ★★★★
ZUBEREITUNGSZEIT: ca. 1 Std.
GARZEIT: ca. 4 Std.
RUHEZEIT: 8 Std.
PRO PORTION: ca. 425 kcal
(bei 8 Personen)

ZUTATEN FÜR 6–8 PERSONEN:
1½ kg Schweinefüße (klein gehackt)
Salz
6 Pimentkörner
2 Gewürznelken
3 Lorbeerblätter
1 getrocknete Chilischote
1 TL schwarze Pfefferkörner
1 Ente (ca. 1,7 kg; küchenfertig)
200 ml Estragonessig
Pfeffer
1 EL Olivenöl
je 150 g Möhren, Petersilienwurzel
und Staudensellerie
100 g Perlzwiebeln
½ Bund Melisse

1. Die Schweinefüße mit 1 EL Salz, den Gewürzen und 2 ½ l Wasser in einem großen Bräter zum Kochen bringen. Bei kleiner Hitze etwa 3 ½ Std. sieden lassen, dabei gelegentlich den Schaum entfernen. Die Ente waschen und nach 1 ½ Std. mit 1 ¼ l heißem Wasser zu den Schweinefüßen geben. 30 Min. vor Garzeitende den Essig hinzufügen.

2. Die Ente herausnehmen und etwas abkühlen lassen. Die Brühe durch ein feines Sieb oder ein mit einem Passiertuch ausgelegtes Nudelsieb in einen Topf gießen und auf 1 l einkochen lassen. Kräftig mit Salz und Pfeffer würzen, abkühlen lassen und kühl stellen.

3. Die Entenkeulen am Gelenk vom Körper lösen und Ober- und Unterschenkel durchschneiden. Die Keulenknochen herausschneiden oder -ziehen. Die Brustfilets mit langen Schnitten vom Knochen lösen. Das Olivenöl in einer beschichteten Pfanne erhitzen und die Ententeile darin auf der Hautseite in etwa 7 Min. knusprig braten. Herausnehmen und in 2 cm breite Streifen schneiden.

4. Die Möhren und die Petersilienwurzel schälen und längs vierteln. Den Sellerie putzen und waschen. Das Gemüse in dünne Scheiben schneiden und in Salzwasser bissfest kochen. Die Perlzwiebeln in einen kleinen Topf geben. Das Gemüse durch ein Sieb auf die Perlzwiebeln abgießen und kalt abschrecken. Die Perlzwiebeln im Gemüsesud 3 Min. kochen, dann 20 Min. ziehen lassen. Die Zwiebeln aus den Häuten drücken und diese mit dem Wurzelansatz abschneiden. Die Zwiebeln halbieren. Die Melisse abbrausen, trocken schütteln und die Blätter abzupfen.

5. Das erstarrte Fett von der Brühe abnehmen. Die Brühe bei kleiner Hitze flüssig werden lassen. Eine Terrinen- oder Kastenform ausspülen und mit Klarsichtfolie auskleiden. Etwas Brühe hineingießen und Gemüse, Fleisch, Perlzwiebeln und Melisse einschichten. Mit Brühe auffüllen und die Sülze zugedeckt mindestens 8 Std. im Kühlschrank gelieren lassen. Dann stürzen, die Folie entfernen und die Sülze in dicke Scheiben schneiden. Dazu passen Blattsalat und Kartoffelpuffer oder Brot.

Gefüllte Hähnchenflügel
mit Radieschenblätter-Bärlauch-Salsa

AUFWAND: ★★★★
ZUBEREITUNGSZEIT: ca. 1½ Std.
PRO PORTION: ca. 610 kcal

ZUTATEN FÜR 4 PERSONEN:
Für die Salsa:
1 Bund Radieschen
Saft von ½ Zitrone
5 EL Weißweinessig
1 EL Puderzucker | Salz
50 g Weißbrot (oder 1 Brötchen)
50 g Bärlauch
125 ml Rapsöl
1 Schalotte | 1 TL Kapern
Pfeffer
Für die Hähnchenflügel:
12 Hähnchenflügel (ca. 1,2 kg)
100 g rohe Garnelen (geschält)
30 g Speck (z. B. Pancetta)
Salz | Pfeffer | gemahlener Piment
2 EL Öl

1. Für die Salsa die Radieschen samt Grün waschen. Schöne Blätter abzupfen und beiseitelegen, die restlichen Blätter entfernen. Die Radieschen in feine Scheiben schneiden. Den Zitronensaft mit 2 EL Essig, Puderzucker und 1 kräftigen Prise Salz verrühren. Die Radieschenscheiben mit der Vinaigrette in einer Schüssel mischen und ziehen lassen.

2. Inzwischen das Weißbrot klein zupfen und im restlichen Essig einweichen. Den Bärlauch waschen, trocken schütteln und mit den Radieschenblättern hacken. Die Kräuter mit dem eingeweichten Weißbrot, dem Öl und etwas Salz pürieren. Die Schalotte schälen und in feine Würfel schneiden. Die Kapern hacken und mit den Schalottenwürfeln unter die Salsa mischen. Die Salsa mit Salz und Pfeffer abschmecken.

3. Die Hähnchenflügel waschen, trocken tupfen und an den Gelenken auseinanderschneiden – nur die mittleren Teile verwenden (den Rest für eine Hühnerbrühe einfrieren). Das Fleisch der Hähnchenflügel an der schmaleren Seite mit einem kreisförmigen Schnitt um die beiden Knochen lösen. Anschließend mit einem stabilen Messer vom Knochen schaben, ohne dabei die Haut zu verletzen. Den dünnen Knochen entfernen, den gelockerten dickeren Knochen halb herausziehen, sodass er später als »Griff« dienen kann.

4. Die Garnelen längs halbieren und dabei den dunklen Darm entfernen, waschen und trocken tupfen. Das Garnelenfleisch und den Speck grob hacken und mit wenig Salz, Pfeffer und Piment würzen. Die Masse im Blitzhacker grob zerkleinern. Die Füllung mit einem Teelöffel oder – noch besser – mit dem Spritzbeutel in die vorbereiteten Flügel füllen. Das Öl in einer beschichteten Pfanne erhitzen und die Flügel darin bei kleiner Hitze in 15–20 Min. rundherum goldbraun und knusprig braten. Die Hähnchenflügel auf Küchenpapier abtropfen lassen und mit den marinierten Radieschen und der Radieschenblätter-Bärlauch-Salsa servieren.

Salsa auf Vorrat

Die Radieschenblätter-Bärlauch-Salsa hält sich im Kühlschrank 1 Woche. Achten Sie aber darauf, dass die Oberfläche immer mit einer Schicht Öl bedeckt ist. Die Salsa schmeckt auch lecker auf Röstbroten und ist ideal als schnelle Pastasauce und zum Abschmecken von Risotto.

Vorspeisen
und kleine Gemüsegerichte

Geschmorte Artischocken mit Zitronen und Minze

Baby-Röstgemüse mit Sauerrahm-Aioli

Steinpilze mit Sellerie im Würzsud

Getrocknete Tomaten und Ziegenkäse in Olivenöl

Gefülltes Gemüse aus dem Ofen

Gefüllte Grill-Jalapeños mit Pfirsich-Ingwer-Salsa

Fenchelsalat mit Nusskrokant, Apfel- und Pancetta-Chips

Rosenkohl-Ingwer-Salat mit knusprigen Hähnchenstreifen

Warmer Gemüsesalat mit Holunderblüten-Dressing

Gegrillte Auberginen mit Schafskäse und Granatapfel

Sizilianische Törtchen mit Auberginen und Zucchini

Königin der Gemüse

Artischocken verbinden wir hauptsächlich mit mediterraner Küche, doch die Edeldisteln wachsen auch hierzulande. Schon Goethe ließ sich das stachelige Aphrodisiakum aus seiner Heimat Frankfurt nach Weimar schicken – vermutlich, um sie mit Grüner Sauce zu genießen.

Der Dichterfürst bezog heimische Artischocken aus den Orangerien reicher Adliger: Die »Königin der Gemüse« ist nämlich recht anspruchsvoll, sie ist nicht sehr winterhart und braucht nährstoffreiche, durchlässige Böden. Noch bevor bei uns der Frühling beginnt, werden heute auf unseren Märkten die ersten Artischockenblüten des Jahres aus Italien angeboten: sehr klein und zart und wunderbar mild-aromatisch. Wer zwischen Februar und April in den Süden reist, kann in den Anbaugebieten auf Sardinien, um Rom oder in Sizilien Straßenfeste zu Ehren der Artischocke besuchen, die Sagre del carciofo. Es gibt dort bergeweise gekochte, gebratene und roh gehobelte Baby-Artischocken – ein Traum für Genießer. Etwa sechs Monate später endet unsere warme Jahreszeit mit den saftig-fleischigen Riesen-Artischocken aus der Bretagne. Und dazwischen finden Sie immer wieder kleinere und größere Exemplare der Edeldisteln auf dem Markt. Ein Freund züchtet sogar sehr gute Sorten im Hopfengebiet nördlich von München. Mit viel Liebe, aber ganz ohne Gewächshaus. Das ist einfacher geworden, seit es Sorten gibt, die gleich im ersten Jahr Blüten bilden. Trotzdem bleibt die kapriziöse Distel in unseren Breiten eine Herausforderung sowohl für Gärtner als auch für Köche.

Artischocken putzen ist ganz einfach

Zum Vorbereiten von Artischocken braucht man keine besonderen Gerätschaften. Ein Sägemesser und ein kleines Messer sind ausreichend. Wer mag, verwendet beim Putzen Einweghandschuhe. Der bittere Artischockensaft färbt nämlich nicht nur Wolle, sondern leider auch die Finger leicht bräunlich.

Geschmorte Artischocken
mit Zitronen und Minze (siehe Foto S. 55)

AUFWAND: ★★★★
ZUBEREITUNGSZEIT: ca. 40 Min.
GARZEIT: ca. 30 Min.
PRO PORTION: ca. 135 kcal

ZUTATEN FÜR 4 PERSONEN:
2 Schalotten
2 Knoblauchzehen
5 Zweige Thymian
2 frische Lorbeerblätter
2 Zitronen
4 große (oder 12 kleine) Artischocken
3 EL Olivenöl
Salz | Pfeffer
1 TL Fenchelsamen
200 ml Gemüsebrühe
1 Bund Minze

1. Die Schalotten schälen und in feine Würfel schneiden. Den Knoblauch schälen und in Scheiben schneiden. Den Thymian abbrausen und trocken schütteln, die Blättchen abstreifen und hacken. Die Lorbeerblätter abbrausen, trocken tupfen und in Stücke zupfen. ½ Zitrone auspressen und den Saft mit 4 EL Wasser in eine Schüssel geben. Die zähen äußeren Blätter der Artischocken abbrechen oder mit einem kleinen Messer abschneiden. Die Artischockenstiele auf 10 cm kürzen, am Ansatz einritzen und abbrechen. Die Stiele großzügig schälen und im Zitronenwasser wenden. Die Artischocken halbieren und mit einem Teelöffel das »Heu« entfernen (1). Die Artischocken und die Stiele in ½ cm dicke Scheiben schneiden und alles im Zitronenwasser wenden (2).

2. Den Backofen auf 200° (180° Umluft) vorheizen. Das Olivenöl in einer ofenfesten Pfanne erhitzen und die Artischockenscheiben darin auf beiden Seiten goldbraun anbraten. Mit Salz und Pfeffer würzen, Schalotten, Knoblauch, Thymian, Lorbeerblätter und Fenchelsamen hinzufügen (3). Gut die Hälfte der Brühe angießen und das Gemüse im Ofen (Mitte) etwa 30 Min. schmoren. Nach der Hälfte der Garzeit umrühren und die restliche Brühe angießen, wenn die Flüssigkeit weitgehend verdunstet ist.

3. Die übrigen Zitronen mit einem scharfen Messer so dick schälen, dass auch die weiße Haut mit entfernt wird. Die Zitronen quer in Scheiben schneiden, dabei die Kerne entfernen, und das Fruchtfleisch hacken (4). Die Minze abbrausen und trocken schütteln, die Blätter abzupfen und in Streifen schneiden. Die Minze zusammen mit den Zitronenstückchen kurz vor dem Servieren unter die Artischocken mischen. Dazu passen Weißbrot und Aioli (siehe S. 58).

1

2

3

4

Baby-Röstgemüse
mit Sauerrahm-Aioli

AUFWAND: ★★☆☆
ZUBEREITUNGSZEIT: ca. 1 Std.
PRO PORTION: ca. 590 kcal

ZUTATEN FÜR 4 PERSONEN:
Für die Aioli:
1 Knoblauchknolle
1 mehligkochende Kartoffel (ca. 150 g)
1 Eigelb (M)
150 ml Olivenöl
3 EL saure Sahne
½ Zitrone
Meersalz | Pfeffer
Cayennepfeffer
gemahlener Kreuzkümmel
1 Bund Koriander
Für das Röstgemüse:
1 Bund Radieschen (oder Eiszapfen)
2 Stangen Staudensellerie
800 g kleine Wurzelgemüse (z. B. junge Möhren, Baby-Rote-Beten, Pastinaken)
4 EL Olivenöl
Meersalz

1. Für die Aioli den Backofen auf 200° vorheizen. Die Knoblauchknolle und die Kartoffel jeweils in Alufolie wickeln und im Ofen (Mitte, 180° Umluft) in etwa 45 Min. weich garen.

2. In der Zwischenzeit für das Röstgemüse die Radieschen waschen, trocken reiben und das Grün entfernen. Den Sellerie putzen, waschen und quer in etwa 5 cm große Stücke schneiden. Das Wurzelgemüse schälen, dicke Exemplare halbieren, vierteln oder in fingerdicke Scheiben schneiden. Das Gemüse auf einem mit Backpapier ausgelegten Backblech verteilen, mit dem Olivenöl beträufeln und mit Meersalz bestreuen.

3. Den Knoblauch und die Kartoffel aus dem Ofen nehmen. Die Backofentemperatur auf 270° erhöhen (besser: 240° Umluft mit Grill) und das Gemüse im Ofen (Mitte) 10–15 Min. garen, zwischendurch wenden.

4. In der Zwischenzeit die Knoblauchknolle und die Kartoffel quer halbieren, die Knoblauchzehen ausdrücken, die Kartoffelhälften auslöffeln. Beide Gemüse mit dem Eigelb in einem hohen Gefäß zu einer weichen Paste verrühren. Das Olivenöl mit dem Stabmixer zuerst tröpfchenweise, dann in dünnem Strahl unterschlagen. Die saure Sahne unterrühren. Die Zitrone auspressen und die Aioli mit Zitronensaft, Meersalz, Pfeffer, Cayennepfeffer und Kreuzkümmel abschmecken. Den Koriander abbrausen und trocken schütteln, die Blätter abzupfen, hacken und unter die Aioli rühren. Das Baby-Röstgemüse auf einer Platte anrichten und mit der Aioli servieren.

Steinpilze
mit Sellerie im Würzsud

AUFWAND: ★★☆☆
ZUBEREITUNGSZEIT: ca. 30 Min.
EINKOCHZEIT: 1 Std.
RUHEZEIT: ca. 24 Std.
PRO GLAS: ca. 175 kcal

FÜR 2 GLÄSER (JE 500 ML INHALT):
1 kg kleine Steinpilze
3 Stangen Staudensellerie
1 TL Wacholderbeeren
1 TL schwarze Pfefferkörner
1 EL Koriandersamen
5 Zweige Zitronenthymian
150 ml Weißweinessig
1 EL Salz

1. Die Steinpilze trocken abreiben, putzen und je nach Größe halbieren oder vierteln. Den Sellerie putzen, waschen und längs halbieren oder dritteln, dann quer in etwa 5 cm lange Stücke schneiden.

2. Wacholderbeeren, Pfefferkörner und Koriandersamen im Mörser oder im Blitzhacker grob zerstoßen. Den Zitronenthymian abbrausen und trocken schütteln. Den Essig mit 450 ml Wasser, den Gewürzen, Zitronenthymianzweigen und Salz in einen Topf geben und zum Kochen bringen. Die Pilze und den Sellerie dazugeben und 5 Min. mitkochen.

3. Die Weck- oder Schraubgläser heiß ausspülen. Das Gemüse mit dem kochend heißen Sud jeweils bis 2 cm unter den Rand einfüllen und die Gläser verschließen. Ein Küchentuch auf den Boden eines Topfs legen und die Gläser hineinstellen. So viel heißes Wasser angießen, dass die Gläser bis zum Deckelrand darin stehen. Das Wasser zum Kochen bringen und die Steinpilze 1 Std. einkochen. Die Steinpilze im Topf abkühlen lassen und vor dem Verzehr mindestens 24 Std. ziehen lassen. Die eingekochten Steinpilze sind gut 1 Jahr haltbar. Sie schmecken zu Blattsalaten (ein wenig Einlegeflüssigkeit für die Vinaigrette verwenden) oder gehackt als Tatar auf Röstbroten.

Andere Pilze, andere Marinaden

Zum Einlegen eignen sich alle festen Pilze, z. B. Pfifferlinge, Kaiserlinge oder braune Champignons. Auch die Marinade können Sie nach Lust und Laune variieren. Wenn Sie etwa Essig und Salz mit Ingwerscheiben und Zitronengras (geputzt und längs geviertelt) kombinieren, bekommt die Marinade einen leicht asiatischen Touch.

Getrocknete Tomaten
und Ziegenkäse in Olivenöl

AUFWAND: ★★★★
ZUBEREITUNGSZEIT: ca. 20 Min.
RUHEZEIT: ca. 24 Std.
PRO GLAS: ca. 1870 kcal

FÜR 2 GLÄSER (JE CA. 300 ML INHALT):
100 ml Apfelessig
150 g getrocknete Tomaten
2–3 EL getrocknete Cranberrys
6 grüne Kardamomkapseln
1 TL Kreuzkümmelsamen
1 TL Nigella (Schwarzkümmelsamen)
2 Zweige Salbei
100 g etwas festerer Ziegenfrischkäse (z. B. Sainte Maure)
350 ml Olivenöl

1. Den Essig mit 300 ml Wasser in einen Topf geben und zum Kochen bringen. Die Tomaten und Cranberrys darin 1–2 Min. kochen lassen. Anschließend in ein Sieb abgießen und abkühlen lassen.

2. Inzwischen die Kardamomkapseln aufbrechen und die Samen auslösen. Die Kardamomsamen mit Kreuzkümmel und Nigella in einer Pfanne ohne Fett rösten, bis sie zu duften beginnen. Die Gewürze auskühlen lassen und im Mörser oder Blitzhacker zerstoßen.

3. Den Salbei abbrausen, trocken schütteln und die Blätter abzupfen. Den Ziegenkäse in 1–2 cm dicke Scheiben schneiden und mit Tomaten, Cranberrys, der Gewürzmischung und ein paar Salbeiblättern in verschließbare Gläser schichten. Mit Olivenöl bedecken und alles mindestens 24 Std. ziehen lassen. Die eingelegten Tomaten und Ziegenkäsescheiben kühl lagern und innerhalb von 1 Woche verbrauchen. Dazu passen mehligkochende Ofenkartoffeln oder Krustenbrot (siehe S. 18).

Tomaten im Backofen trocknen

Am besten schmecken selbst getrocknete und – noch besser – nur halb getrocknete Tomaten: Dafür fleischige Tomaten halbieren bzw. vierteln, entkernen und auf dem Ofengitter bei 90° 6–8 Std. trocknen. Anschließend mit Gewürzen und Ziegenkäse in Olivenöl einlegen. Wer häufiger Obst, Gemüse oder Kräuter trocknen möchte, kann dafür auch ein Dörrgerät anschaffen, das spart Energie und Zeit. Mehr dazu auf S. 230.

Gefülltes Gemüse
aus dem Ofen

AUFWAND: ★★★★
ZUBEREITUNGSZEIT: ca. 25 Min.
GARZEIT: ca. 2 Std.
PRO PORTION: ca. 265 kcal

ZUTATEN FÜR 4 PERSONEN:
4 große Zwiebeln
4 große Kartoffeln
200 g Limburger
(oder Vacherin Mont d'Or)
½ Bund Estragon
1 Bund Kerbel
½ Bund Schnittlauch
2 EL mildes Olivenöl
Salz | Pfeffer

1. Den Backofen auf 225° (besser: 200° Umluft) vorheizen. Die Wurzelansätze der Zwiebeln abschneiden. Die Kartoffeln gründlich unter fließendem Wasser abbürsten und trocken reiben. Die Zwiebeln und die Kartoffeln einzeln in Alufolie wickeln. Die Zwiebeln auf das Ofengitter legen und im Ofen (Mitte) in etwa 2 Std. weich garen. Nach 1 Std. die Kartoffeln dazulegen und ebenfalls weich garen.

2. Kurz vor Ende der Garzeit den Käse in kleine Stücke teilen und in eine Schüssel geben. Die Kräuter abbrausen und trocken schütteln, die Blätter abzupfen und mit dem Schnittlauch fein schneiden. Die Kräuter mit dem Käse mischen.

3. Das Gemüse aus dem Ofen nehmen und die Alufolie entfernen. Mit einer Schere von den Zwiebeln jeweils einen Deckel abschneiden, die Kartoffeln längs mit einem Messer einschneiden. Die Zwiebeln und Kartoffeln vorsichtig mit einem Löffel aushöhlen, dabei einen dünnen Rand stehen lassen. Das ausgelöste Gemüse zum Käse geben und alles mit einer Gabel grob zerdrücken. 1 EL Olivenöl untermischen und die Masse mit Salz und Pfeffer würzen.

4. Den Backofengrill einschalten. Ein Backblech mit dem restlichen Olivenöl einfetten. Die Gemüseschalen behutsam mit der Käse-Gemüse-Masse füllen und auf das Backblech setzen. Das gefüllte Gemüse unter dem Grill etwa 3 Min. gratinieren. Dazu passt ein Blattsalat mit Äpfeln.

Scharfmacher

Chilischärfe ist nicht gleich Chilischärfe – wer sich durch die bunte Welt der Schoten probiert, wird erstaunt sein, welche Fülle an Aromen er dabei entdeckt. Milde Chilis sind eigentlich ein Irrtum der Natur, denn die Schärfe schützt die Pflanzen vor hungrigen Säugetieren.

Gemüsepaprika, ungarische Gewürzpaprikasorten und auch mittelscharfe Chilisorten wie die mexikanischen Jalapeños entstanden in Jahrhunderten intensiver Auslese und Züchtung. Der weltweite Erfolg der US-amerikanischen Tex-Mex-Küche wurde erst möglich, nachdem Fabian Garcia, Botaniker an der New Mexiko State University, 1907 die Sorte New Mexico Nr. 9 vorstellte. Die Früchte dieser Sorte sind nicht nur eher mild, sondern auch relativ groß: ideal für empfindliche Gringogaumen und perfekt für Gerichte wie gefüllte Chilis. Da sich diese auch sehr gut einfrieren und bei Bedarf fertig frittieren lassen, wurden sie zu einem Erfolgs-Hit in amerikanischen Fast-Food-Ketten. In unserer Variante interpretieren wir sie als scharfen Slow-Cooking-Genuss, begleitet von einer fruchtigen Pfirsich-Ingwer-Salsa. Anstelle von mexikanischen Jalapeños können Sie für das folgende Rezept auch spanische Pimientos de Padrón verwenden. Form und Größe der Schoten ähneln einander, die spanischen sind etwas runzeliger und eigentlich sehr viel milder. Eigentlich, denn auch Pimientos können ab und zu recht scharf sein, ohne dass man sie äußerlich von ihren milden Verwandten unterscheiden könnte. Der Einkauf ist also quasi »Spanisches Roulette«.

Fix gebratenes Fingerfood

Pimientos aus dem spanischen Padrón bei Santiago de Compostela schmecken auch ohne Füllung sehr gut: Die Schoten einfach waschen, trocken tupfen und in etwas Olivenöl rundherum braten. Nach einigen Minuten sind die Schoten weich. Dann werden sie nur noch mit grobem Meersalz bestreut – dank des Stiels eignen sie sich bestens als Fingerfood.

Gefüllte Grill-Jalapeños

mit Pfirsich-Ingwer-Salsa (siehe Foto S. 67)

AUFWAND: ★★★★
ZUBEREITUNGSZEIT: ca. 1 Std. 15 Min.
PRO PORTION: ca. 455 kcal

ZUTATEN FÜR 4 PERSONEN:
Für die Grill-Jalapeños:
100 ml Sonnenblumenöl
200 g Jalapeños (oder milde Pimientos de Padrón)
½ Bund Koriander
abgeriebene Schale von ½ Bio-Zitrone
200 g Frischkäse oder Ziegenfrischkäse
Salz | Pfeffer
2 Eier (M)
ca. 100 g Mehl
ca. 100 g Semmelbrösel (oder im Blitzhacker zerkleinertes altbackenes Weißbrot)
Für die Salsa:
400 g reife Pfirsiche
Saft von 1 Limette
1 Stück Ingwer (ca. 4 cm)
½ Bund Thai-Basilikum
Salz | Pfeffer
1 TL Ras el Hanout (oder Garam Masala)

1. Für die Grill-Jalapeños den Backofen auf 275° (besser: 250° Umluft mit Grill) vorheizen. Ein Backblech leicht mit Öl einstreichen. Die Jalapeños waschen und die Stiele mit einem kleinen Messer herausschneiden, dabei möglichst viele Kerne entfernen. Die Schoten auf dem Backblech im Ofen (oben) etwa 5 Min. grillen, bis die Haut schwarz wird und Blasen wirft (1), dabei einmal wenden. Die Schoten aus dem Ofen nehmen und kurz auskühlen lassen. Die Schoten mit einem feuchten Küchentuch bedecken, ein paar Minuten schwitzen lassen und die Haut abziehen.

2. Den Koriander abbrausen und trocken schütteln, die Blätter abzupfen, mit der Zitronenschale und dem Frischkäse verrühren. Die Käsemasse mit Salz und Pfeffer würzen und mit dem Spritzbeutel in die Schoten füllen (2). Die Öffnungen leicht zudrücken.

3. Die Eier in einem tiefen Teller verquirlen. Das Mehl und die Brotbrösel ebenfalls jeweils in einen tiefen Teller geben. Die Schoten zuerst im Mehl wenden, dann durch die Eier ziehen und schließlich in den Semmelbröseln wenden (3). Die panierten Schoten nebeneinander auf einem großen Teller im Tiefkühlfach anfrieren lassen.

4. Inzwischen für die Salsa die Pfirsiche kreuzweise einritzen, kurz in kochendes Wasser legen, kalt abschrecken und die Haut abziehen. Die Pfirsiche halbieren und die Kerne entfernen. Die Hälfte der Pfirsiche in sehr feine Würfel schneiden. Den Limettensaft mit den übrigen Pfirsichen in ein hohes Gefäß geben und mit dem Stabmixer fein pürieren. Den Ingwer schälen und fein hacken oder reiben. Das Thai-Basilikum waschen und trocken schütteln, die Blätter abzupfen und hacken. Pfirsichpüree mit Pfirsichwürfeln, Ingwer und Thai-Basilikum mischen und die Salsa mit Salz, Pfeffer und Ras el Hanout abschmecken.

5. In einer Pfanne das restliche Öl erhitzen und die Schoten darin rundherum goldbraun frittieren (4). Herausheben, auf Küchenpapier abtropfen lassen und mit der Pfirsich-Ingwer-Salsa servieren.

1

2

3

4

Fenchelsalat

mit Nusskrokant, Apfel- und Pancetta-Chips

AUFWAND: ★★★★
ZUBEREITUNGSZEIT: insgesamt ca. 1 Std.
RUHEZEIT: ca. 8 Std.
GARZEIT: ca. 6 Std.
PRO PORTION: ca. 445 kcal

ZUTATEN FÜR 4 PERSONEN:
2 Knollen Fenchel
Salz
220 g Zucker
3 Zitronen
1 Apfel
3 EL Haselnüsse
½ TL Salzflocken (oder 1 kräftige Prise Fleur de Sel)
80 g Pancetta (ital. Bauchspeck; in Scheiben)
3 EL Rapsöl
Pfeffer
1 Bund Rucola

1. Am Vortag den Fenchel putzen, waschen und quer in sehr dünne Scheiben schneiden oder hobeln (zum Hobeln die Knollen ganz lassen, wenn Sie sie mit einem Messer schneiden, die Knollen halbieren). In einer Schüssel mit ½ EL Salz und 1 EL Zucker mischen. Die Zitronen auspressen. Die Hälfte des Safts mit den Fenchelscheiben mischen, den Rest kühl stellen. Den Fenchelsalat mindestens 8 Std. – am besten über Nacht – ziehen lassen.

2. Am Zubereitungstag den Backofen auf 90° vorheizen. Den restlichen Zitronensaft mit 125 g Zucker und ¼ l Wasser in einen Topf geben und 2 Min. kochen lassen. Den Apfel waschen und das Kerngehäuse ausstechen. Den Apfel quer in 2 mm dicke Scheiben schneiden, in den warmen Zitronensirup geben und 10 Min. ziehen lassen. Anschließend auf ein mit Backpapier ausgelegtes Backblech legen und im Ofen (Mitte, 80° Umluft) 4–6 Std. trocknen lassen, dabei ein- oder zweimal wenden. In die Backofentür einen Kochlöffel klemmen, damit die Feuchtigkeit gut abziehen kann. Die Apfelscheiben herausnehmen und auf dem Blech auskühlen lassen (dabei werden die Chips erst richtig knusprig). Sie können die Apfel-Chips auch in einem Dörrgerät trocknen (siehe S. 230).

3. In einer beschichteten Pfanne den restlichen Zucker mit 1 EL Wasser erhitzen, bis der Zucker goldgelb karamellisiert. Die Haselnüsse dazugeben und gut mit dem Karamell mischen. Die Nüsse auf einem großen Teller verteilen und mit Salzflocken bestreuen. Die Pfanne erneut erhitzen und die Pancettascheiben darin kross braten.

4. Den Haselnusskrokant grob hacken. Den Fenchelsalat abtropfen lassen, mit dem Öl verrühren und mit Salz und Pfeffer abschmecken. Den Rucola abbrausen, trocken schütteln und die dicken Stiele abschneiden. Den Fenchelsalat mit Haselnusskrokant, Apfel- und Pancetta-Chips auf Tellern anrichten. Den Rucola zerzupfen und darüberstreuen.

Rosenkohl-Ingwer-Salat
mit knusprigen Hähnchenstreifen

AUFWAND: ★★★★
ZUBEREITUNGSZEIT: ca. 1 Std.
GARZEIT: ca. 25 Min.
RUHEZEIT: 1 Std.
PRO PORTION: ca. 415 kcal

ZUTATEN FÜR 4 PERSONEN:
ca. 400 g Rotkohl
400 g Rosenkohl
Salz | Pfeffer
3 Hähnchenkeulen (je ca. 250 g; oder 3 Hähnchenbrustfilets, je ca. 200 g)
4 EL Rapsöl
1 Bund Frühlingszwiebeln
2–3 Bio-Limetten
1 Stück Ingwer (ca. 4 cm)
1 EL schwarze Sesamsamen
2 EL Ahornsirup
1 Mango
je 1 Bund Minze und Dill

1. Den Rotkohl putzen, dabei den Strunk entfernen, und – am besten mit einem Krauthobel – in sehr feine Streifen schneiden und in eine Schüssel geben. Den Rosenkohl putzen, die Strünke großzügig abschneiden und die Blätter abzupfen. Die Rosenkohlblätter ebenfalls fein schneiden oder hobeln (das geht auch mit einem Parmesan- oder Trüffelhobel) und in eine zweite Schüssel geben. Beide Kohlsorten jeweils mit Salz und Pfeffer würzen und leicht drücken.

2. Die Hähnchenkeulen waschen und trocken tupfen. Mit der Hautseite auf ein Brett legen und links und rechts vom Knochen einschneiden. Das Fleisch zur Seite drücken, den Knochen anheben und darunter einen Schnitt setzen, sodass man den Knochen herausziehen kann. Das Hähnchenfleisch salzen.

3. Das Öl in einer Pfanne erhitzen und das Hähnchenfleisch darin bei kleiner Hitze in etwa 20 Min. knusprig braten, dabei nach 12 Min. wenden. Inzwischen die Frühlingszwiebeln putzen, waschen und in 1 cm dicke Ringe schneiden. Die Limetten heiß waschen und trocken reiben, 1 TL Schale abreiben und den Saft auspressen. Den Ingwer schälen und fein reiben. Das Hähnchenfleisch aus der Pfanne nehmen und im Bratfett die Frühlingszwiebeln und den Sesam 2 Min. rösten. Limettensaft, Ingwer und Ahornsirup untermischen und kurz aufkochen lassen, sodass der Bratensatz gelöst wird. Die Rotkohlstreifen mit dem Frühlingszwiebel-Limetten-Sud mischen und 1 Std. ziehen lassen.

4. Kurz vor dem Servieren die Mango schälen, das Fruchtfleisch zuerst vom Kern und dann in mundgerechte Würfel schneiden. Das Hähnchenfleisch in Streifen schneiden. Die Kräuter abbrausen und trocken schütteln, die Blätter bzw. Spitzen abzupfen und klein zupfen. Den Rotkohlsalat mit dem Rosenkohl und der Mango mischen. Die Hähnchenstreifen und Kräuter locker unterheben und den Rosenkohl-Ingwer-Salat mit Salz und Pfeffer abschmecken.

Warmer Gemüsesalat

mit Holunderblüten-Dressing

AUFWAND: ★★★☆
ZUBEREITUNGSZEIT: ca. 35 Min.
GARZEIT: ca. 35 Min.
PRO PORTION: ca. 535 kcal

ZUTATEN FÜR 4 PERSONEN:
Salz | 1 Maiskolben
130 ml Sonnenblumenöl
1 Zucchino
1 kleine Aubergine
250 g grüner Spargel
2 Romana-Salatherzen
12 Kirschtomaten
1 Avocado
1–2 junge Knoblauchzehen
1 Chilischote
1 Bio-Zitrone
3 EL Holunderblütensirup
Pfeffer

Holunderblütensirup

Einen feinen Holunderblütensirup können Sie ganz einfach selbst machen: Für 2 Flaschen (je ¾ l Inhalt) 1,2 kg Zucker mit 1½ l Wasser aufkochen und den Sirup lauwarm abkühlen lassen. 1 Bio-Zitrone in Scheiben schneiden, mit 15 Holunderblütendolden in einer Schüssel mit dem Sirup übergießen und im Kühlschrank 3–5 Tage ziehen lassen. Dann den Holunderblütensirup durch ein Sieb in einen Topf gießen und 5 Min. sprudelnd kochen lassen. Anschließend in sterilisierte Flaschen (siehe S. 24) füllen und verschließen. Der Sirup hält sich im Kühlschrank etwa 4 Monate.

1. In einem Topf Salzwasser zum Kochen bringen. Den Maiskolben darin 15 Min. kochen, herausheben und abtropfen lassen. In einer Pfanne 2 EL Öl erhitzen und den Maiskolben darin rundherum 5 Min. braten. Die Maiskörner mit einem scharfen Messer so vom Kolben schneiden, dass sie möglichst noch etwas zusammenhängen.

2. Den Backofen auf 240° (220° Umluft) vorheizen. Den Zucchino und die Aubergine putzen und waschen, längs halbieren und jeweils in ½ cm dicke Scheiben schneiden. Den Spargel waschen, holzige Enden entfernen und dicke Stangen längs halbieren. Zucchino, Aubergine und Spargel auf einem mit Backpapier ausgelegten Backblech verteilen, mit 4 EL Öl beträufeln und leicht salzen. Das Gemüse im Ofen (Mitte) etwa 15 Min. garen, gebräunte Stücke zwischendurch wenden. Das Gemüse herausnehmen, abkühlen lassen und in mundgerechte Streifen oder Stücke schneiden.

3. Den Romanasalat waschen, trocken schütteln und in fingerbreite Streifen schneiden. Die Tomaten waschen und halbieren. Die Avocado halbieren und den Kern entfernen, die Schale abziehen und das Fruchtfleisch in Würfel schneiden. Für das Dressing den Knoblauch schälen und grob zerkleinern. Die Chilischote längs halbieren, nach Belieben entkernen, waschen und ebenfalls grob zerkleinern. Die Zitrone heiß waschen und trocken reiben, die Schale abreiben und den Saft auspressen. Knoblauch, Chili, Zitronensaft und -schale mit dem Holunderblütensirup und 2 EL Wasser in ein hohes Gefäß geben und mit dem Stabmixer pürieren, dabei nach und nach 4 EL Öl dazugeben. Mit Salz und Pfeffer würzen.

4. Das restliche Öl in einer großen Pfanne stark erhitzen. Den Mais mit Zucchino, Aubergine und Spargel darin 2 Min. braten. Romanasalat, Tomaten und Avocado hinzufügen und kurz durchschwenken. Das Dressing dazugeben und untermischen. Den Gemüsesalat sofort servieren.

Gegrillte Auberginen
mit Schafskäse und Granatapfel

AUFWAND: ★★★★
ZUBEREITUNGSZEIT: ca. 35 Min.
RUHEZEIT: 2 Std.
GARZEIT: ca. 25 Min.
PRO PORTION: ca. 465 kcal

ZUTATEN FÜR 4 PERSONEN:
1 kg Auberginen
Salz
3 EL Pinienkerne
1 TL Koriandersamen
½ TL Cayennepfeffer
1 EL getrocknete Hibiskusblüten (nach Belieben; siehe Tipp)
1 Zitrone
1 EL Sesampaste (Tahin)
1 TL Aprikosenkonfitüre
100 ml Rapsöl
Pfeffer
½ Granatapfel
200 g Schafskäse (Feta)
½ Bund Minze

1. Die Auberginen putzen und waschen, in 1 cm dicke Scheiben schneiden und in eine Schüssel geben. Die Scheiben sehr kräftig salzen, mit den Händen leicht drücken und 2 Std. Wasser ziehen lassen.

2. Die Pinienkerne in einer Pfanne ohne Fett goldbraun rösten. Die Koriandersamen dazugeben und kurz mitrösten. Die Mischung abkühlen lassen, mit Cayennepfeffer und Hibiskusblüten (nach Belieben) im Mörser oder Blitzhacker zerkleinern und leicht salzen. Für das Dressing die Zitrone auspressen und den Saft mit Sesampaste, Aprikosenkonfitüre und 2 EL Wasser in ein hohes Gefäß geben. Mit dem Stabmixer verrühren und dabei nach und nach das Öl unterschlagen. Das Dressing mit Salz und Pfeffer abschmecken. Den Granatapfel aufschneiden und die Kerne ausbrechen (Vorsicht, der Saft färbt!). Den Schafskäse grob zerbröckeln. Die Minze abbrausen, trocken schütteln und die Blätter grob zerzupfen.

3. Die Auberginenscheiben abbrausen, gründlich trocken tupfen und in einer leicht geölten Grillpfanne (oder auf dem Grill) bei mittlerer Hitze in drei Portionen jeweils etwa 8 Min. grillen, dabei einmal wenden – sie sollen nicht mehr bissfest, sondern weich sein. Die Auberginenscheiben auf einer Platte anrichten. Granatapfelkerne, Schafskäse, Pinienkernmischung und Minze darüberstreuen und alles mit dem Dressing beträufeln.

Blüten auf dem Teller

Ob frisch oder getrocknet – essbare Blüten wie Kornblumen, Ringelblumen, Stiefmütterchen oder Gänseblümchen sind durch ihre interessanten Aromen mehr als nur eine hübsche Deko. Hibiskusblüten bringen zudem noch eine feine Säure in die Gerichte. Wer die Blüten nicht selbst in seinem Garten hat oder bei einem Ausflug sammeln kann, findet z. B. bei essbare-landschaften.de ein reichhaltiges Angebot.

Sizilianische Törtchen
mit Auberginen und Zucchini

AUFWAND: ★★★☆
ZUBEREITUNGSZEIT: ca. 45 Min.
GARZEIT: ca. 1 Std. 45 Min.
PRO PORTION: ca. 225 kcal

ZUTATEN FÜR 8 PERSONEN:
2 kleine Zwiebeln
1 Aubergine (ca. 500 g)
1 Zucchino (ca. 250 g)
800 g aromatische Flaschentomaten
7–8 EL Olivenöl | Salz
5 Zweige Salbei
100 g Ricotta | 3 Eier (M)
60 g Semmelbrösel + Brösel für die Formen (oder im Blitzhacker zerkleinertes altbackenes Weißbrot)
Pfeffer
2 EL zimmerwarme Butter
1 Knoblauchzehe
1 TL getrockneter Oregano (oder ein paar Blätter frisches Basilikum)
Zucker

Kalt oder warm

Die Törtchen können Sie gut vorbereiten, denn sie lassen sich im Backofen bei 180° (160° Umluft) in 5 Min. aufwärmen. Aber sie schmecken auch kalt sehr aromatisch.

1. Den Backofen auf 220° vorheizen. Die Zwiebeln schälen und achteln. Die Aubergine mit dem Sparschäler schälen, den Zucchino putzen und waschen. Beides in 4 cm große Würfel schneiden. 350 g Tomaten waschen und grob zerschneiden, dabei die Stielansätze entfernen. Ein Backblech mit Backpapier auslegen und das Gemüse darauf verteilen. Mit 4 EL Olivenöl beträufeln und salzen. Das Gemüse im Ofen (Mitte, 200° Umluft) etwa 1 Std. garen, bis es weich und stark gebräunt ist, dabei gelegentlich umrühren und etwas zusammenschieben. Dann das Gemüse aus dem Ofen nehmen und abkühlen lassen.

2. Die Backofentemperatur auf 180° (160° Umluft) reduzieren. Den Salbei abbrausen, trocken schütteln und die Blätter abzupfen. Das Ofengemüse mit Salbeiblättern, Ricotta und Eiern in ein hohes Gefäß geben und mit dem Stabmixer fein pürieren. Die Semmelbrösel untermischen und die Masse mit Salz und Pfeffer würzen. Acht Soufflé- oder Timbaleförmchen (je 100–125 ml) mit Butter einfetten und mit Semmelbröseln ausstreuen. Die Gemüse-Ricotta-Masse auf die Förmchen verteilen und diese in eine ofenfeste Form stellen. So viel heißes Wasser in die Form gießen, dass die Förmchen gut zur Hälfte darin stehen. Die Törtchen im Ofen (Mitte) in etwa 45 Min. goldbraun backen.

3. Kurz vor Ende der Garzeit die restlichen Tomaten waschen und in kleine Würfel schneiden, dabei die Stielansätze und Kerne entfernen. Den Knoblauch schälen, in dünne Scheiben schneiden und mit den Tomaten und dem übrigen Olivenöl mischen. Den Tomatensalat mit Oregano, Salz, Pfeffer und 1 Prise Zucker abschmecken. Die Törtchen aus dem Ofen nehmen, vorsichtig stürzen und mit dem Salat anrichten.

Suppen und Eintöpfe

Klare Rinderbrühe mit Pastinakennocken
Kraftbrühe vom Ochsenschwanz
Bayerische Brotsuppe mit Wald- und Wiesenkräutern
Bratkartoffelcurry mit Brokkoli und Joghurt
Bohnensuppe mit Dinkel und Pancetta
Zwiebelsuppe nach französischer Art
Ligurischer Fischeintopf mit Basilikumpesto
Hühnercremesuppe mit Pilzen und Estragon
Borschtsch mit frischem Meerrettich
Wiener Gulaschsuppe mit Kartoffeln und Majoran
Linseneintopf mit Sellerie und Salsiccia
Gelierte Gazpacho-Essenz mit Basilikumöl und Brezel-Croûtons

Die perfekte Brühe

Drei Dinge sind entscheidend für eine gute Rinderbrühe: Erstens muss das Fleisch von bester Qualität sein, zweitens sollte man Kräuter und Gemüse nur in Maßen einsetzen – und drittens darf die Brühe nicht trüb werden, denn das »trübt« auch ihren Geschmack.

Wichtig ist für viele auch die Frage, wann man Brühe salzen soll. Molekularköche meinen, am Ende der Garzeit, um eine perfekte Brühe zu erhalten, und zu Beginn für aromatisches Suppenfleisch. Die ideale Lösung wäre demnach der Kompromiss: erst leicht salzen und später kräftig abschmecken. Die Erklärung dafür liefert die Physik. Die Salze und Aromen aus dem Fleisch können nämlich leichter durch »pures« als durch gesalzenes Wasser strömen. Doch kehren wir zurück zu den drei wichtigsten Rinderbrühe-Regeln: Nur gutes Fleisch gibt guten Geschmack – das liegt auf der Hand. Deshalb sollten Suppenknochen fleischig sein, denn Fett steigert das Aroma. Allerdings muss man dicke Fettschichten wegschneiden – sie würden die Suppe trübe machen. Das ist auch der Grund, warum eine dünne Scheibe Markknochen in der angerichteten Brühe zwar wunderbar ist, man sie aber auf keinen Fall mitkochen sollte. Damit die Rinderbrühe keine Gemüsebrühe wird, sollte man Kräuter und Gemüse nur maßvoll verwenden. Es macht gar nichts, wenn Sie eine Möhre zu wenig im Kühlschrank haben. Eine zu viel kann eher zum Problem werden. Und schließlich muss man darauf achten, dass die Brühe nie sprudelnd kocht, sondern immer nur knapp am Siedepunkt zieht. So bleibt sie golden.

Feine Suppeneinlage: Markklößchen

Das ausgelöste Mark aus 3–4 Röhrenknochen (ca. 100 g) bei kleiner Hitze zerlassen. 100 g Weißbrot in Milch einweichen. Das Mark kräftig verrühren, mit dem ausgedrückten Weißbrot, 2 Eiern, 2 EL gehackter Petersilie, ca. 80 g Mehl und 2 EL Semmelbröseln mischen. Mit Salz, Pfeffer und Muskatnuss würzen. Die Klößchen in Salzwasser gar ziehen lassen.

Klare Rinderbrühe
mit Pastinakennocken (siehe Foto S. 83)

AUFWAND: ★★★★
ZUBEREITUNGSZEIT: ca. 45 Min.
GARZEIT: ca. 3½ Std.
PRO PORTION: ca. 555 kcal
(bei 4 Personen)

ZUTATEN FÜR CA. 3 L RINDERBRÜHE:
3 Zwiebeln
1½ kg Rinderknochen
Salz
400 g Rindfleisch (aus der Wade oder Schulter)
400 g Suppengemüse (Knollensellerie, Möhren, Petersilienwurzel, Lauch)
3 Tomaten
100 g Champignons
½ Bund Thymian
2 Knoblauchzehen
1 TL schwarze Pfefferkörner
3 Gewürznelken
2 Lorbeerblätter
1 Bund Petersilie
Pfeffer
1 Rezept Pastinakennocken (siehe unten)

1. Die ungeschälten Zwiebeln halbieren und in einem großen Topf mit der Schnittfläche nach unten 8–10 Min. rösten, bis die Unterseite schwarz ist. Die Knochen zu den Zwiebeln geben (1), mit kaltem Wasser bedecken und 1 TL Salz hinzufügen. Aufkochen lassen, dann die Brühe bei kleiner Hitze etwa 3½ Std. köcheln lassen, dabei gelegentlich den Schaum entfernen (2). Nach 1 Std. Garzeit das Fleisch dazugeben.

2. Nach 2 Std. Garzeit das Gemüse schälen bzw. putzen, waschen und in walnussgroße Stücke schneiden. Die Tomaten waschen und in Stücke schneiden, dabei die Stielansätze entfernen. Die Pilze trocken abreiben, putzen und halbieren. Den Thymian abbrausen. Den ungeschälten Knoblauch mit Pfefferkörnern und Gewürznelken im Mörser zerdrücken. Die Gewürze mit Lorbeerblättern, Suppengemüse, Tomaten, Pilzen und Thymian zur Brühe geben (3).

3. Ein Nudelsieb mit einem feuchten Passiertuch auslegen (oder ein feines Sieb verwenden) und die Brühe durch das Sieb in einen zweiten Topf gießen (4). Das Suppenfleisch herausnehmen, zuerst in Scheiben und dann in Streifen schneiden. Die Petersilie abbrausen und trocken schütteln, die Blätter abzupfen und hacken. 1,2 l Brühe (die restliche Brühe einfrieren) aufkochen, mit Salz und Pfeffer würzen und das Suppenfleisch dazugeben. Die Rinderbrühe mit Fleisch und Pastinakennocken (siehe Tipp) auf tiefe Teller verteilen und mit Petersilie garnieren.

Ideal dazu: Pastinakennocken

200 g Pastinaken und 200 g mehligkochende Kartoffeln schälen, in grobe, gleich große Stücke schneiden und in Salzwasser weich kochen. Abgießen, kurz abdampfen lassen und durch die Kartoffelpresse drücken. 30 g zimmerwarme Butter untermischen und weitere 10 Min. ausdampfen lassen. 125 g Wiener Grießler, 1 Eigelb und ½ TL Salz mit der Pastinaken-Kartoffel-Masse verkneten (nicht zu lange, damit die Klößchen locker bleiben). Aus der Masse mit bemehlten Händen kleine Nocken oder Knödel formen, in kochendes Salzwasser geben und knapp unter dem Siedepunkt in etwa 10 Min. gar ziehen lassen. Mit dem Schaumlöffel aus dem Wasser heben und in die Brühe geben (siehe oben).

1

2

3

4

Kraftbrühe vom Ochsenschwanz

AUFWAND: ★★★★
ZUBEREITUNGSZEIT: ca. 55 Min.
GARZEIT: ca. 3 Std.
PRO PORTION: ca. 150 kcal
(bei 6 Personen)

ZUTATEN FÜR 4–6 PERSONEN:
½ kg Kalbsknochen (gehackt)
1 kg Ochsenschwanz (in Stücken)
4 Schalotten
400 g Suppengemüse (z. B. Möhren, Knollensellerie, Lauch)
1 TL Tomatenmark
¼ l Portwein | Salz
5 Zweige Thymian
1 TL schwarze Pfefferkörner
2 Lorbeerblätter | Pfeffer
1–2 TL Gewürzmischung (nach Belieben; siehe Tipp)
1 Bund Schnittlauch

Würze selbst gemacht

Der Gewürzklassiker für Ochsenschwanzsuppen heißt auch Schildkrötengewürz, weil damit früher Schildkrötensuppen verfeinert wurden. Die Mischung passt auch für Kartoffel- oder Schmorgerichte: Je 1 TL Kümmel- und Fenchelsamen, Koriander- und Senfkörner sowie je 1 EL weiße und schwarze Pfefferkörner, 8 Gewürznelken, 4 Muskatblüten (Macis) und 3 Lorbeerblätter in einer Pfanne ohne Fett 1 Min. rösten. Dann fein mahlen und mit je 1 TL getrocknetem Majoran, Salbei, Basilikum, Thymian und 2 EL Ingwerpulver mischen.

1. Den Backofen auf 240° vorheizen. Die Knochen in einem flachen Bräter verteilen und im Ofen (Mitte, 220° Umluft) etwa 40 Min. rösten, dabei gelegentlich wenden. Nach 15 Min. Garzeit die Ochsenschwanzstücke dazugeben.

2. Nach 30 Min. Garzeit die Schalotten schälen und in dicke Scheiben schneiden. Das Suppengemüse schälen bzw. putzen, waschen und ebenfalls in 2 cm große Würfel schneiden. Die Gemüsewürfel und das Tomatenmark zu den Ochsenschwanzstücken geben und gründlich durchrühren. 10 Min. mitrösten und mit dem Portwein ablöschen. Den Brüheansatz 5 Min. kochen lassen, dann alles in einen großen Topf füllen, mit kaltem Wasser knapp bedecken und leicht salzen. Die Ochsenschwanzbrühe bei kleiner Hitze etwa 3 Std. kochen lassen, dabei gelegentlich den Schaum entfernen. Nach etwa 2½ Std. Garzeit den Thymian abbrausen und trocken schütteln. Die Pfefferkörner mit der Breitseite eines großen Messers zerdrücken und mit den Lorbeerblättern und dem Thymian in die Brühe geben.

3. Ein Nudelsieb mit einem feuchten Passiertuch auslegen (oder ein feines Sieb verwenden). Die Brühe durch das Sieb in einen zweiten Topf gießen. Die Brühe erhitzen und mit Salz, Pfeffer und nach Belieben mit Gewürzmischung abschmecken. Das Ochsenschwanzfleisch von den Knochen lösen, die Fettstücke entfernen und das Fleisch in kleine Würfel schneiden. Den Schnittlauch abbrausen, trocken schütteln und in Röllchen schneiden. Das Fleisch und den Schnittlauch auf Gläser oder Tassen verteilen und die Ochsenschwanzkraftbrühe daraufgeben. Sehr gut schmecken auch Grießnocken oder in Streifen geschnittene Kräuterpfannkuchen in der Brühe.

Bayerische Brotsuppe
mit Wald- und Wiesenkräutern

AUFWAND: ★★★★
ZUBEREITUNGSZEIT: ca. 35 Min.
PRO PORTION: ca. 290 kcal
(bei 6 Personen)

ZUTATEN FÜR 4–6 PERSONEN:
1 Bund Suppengrün
4 EL Rapsöl
2 EL getrocknete Berberitzen
(oder getrocknete Cranberrys)
1 TL Fenchelsamen
1 TL Korianderkörner
Salz | Pfeffer
1 Handvoll Wald- und Wiesenkräuter
(z. B. junger Giersch, Bärlauch, Löwenzahn, Gänseblümchen, Bach- oder Brunnenkresse)
200 g altbackenes Roggenbrot
2 Zwiebeln
1 kleiner aromatischer Apfel
200 g grobe Leberwurst

1. Das Suppengrün schälen bzw. putzen, waschen und in kleine Würfel schneiden. In einer Pfanne 1 EL Öl erhitzen und das Gemüse darin 2–3 Min. andünsten. Die Berberitzen und Fenchelsamen hacken, die Korianderkörner mit der Breitseite eines großen Messers oder im Mörser zerdrücken und alles zum Gemüse geben. 1 l Wasser angießen und aufkochen lassen, leicht salzen und das Gemüse mit den Gewürzen bei kleiner Hitze 20 Min. köcheln lassen. Die Brühe gegen Ende der Garzeit mit Salz und Pfeffer würzen.

2. Inzwischen die Wald- und Wiesenkräuter waschen, trocken schütteln und zerzupfen. Das Brot zuerst in dünne Scheiben schneiden, dann in größere Stücke brechen. Die Brotstücke in einer beschichteten Pfanne ohne Fett auf beiden Seiten in 4 Min. knusprig rösten und herausnehmen. Die Zwiebeln schälen, vierteln und in schmale Streifen schneiden. Den Apfel waschen und vierteln, das Kerngehäuse entfernen und die Viertel quer in dünne Scheiben schneiden. In der Pfanne 2 EL Öl erhitzen und die Zwiebeln darin bei mittlerer Hitze in 4 Min. goldbraun braten, dabei öfter umrühren. Die Apfelscheiben dazugeben und 2 Min. mitgaren. Mit Salz und Pfeffer würzen und die Zwiebel- und Apfelstücke mit dem Röstbrot auf tiefe Teller verteilen.

3. Die Leberwurst in 8 Scheiben schneiden. Das restliche Öl in der Pfanne erhitzen und die Wurstscheiben darin auf jeder Seite 2 Min. braten. Vorsichtig aus der Pfanne in die Teller heben und mit der heißen Gemüsebrühe aufgießen. Die Brotsuppe mit den Kräutern bestreuen und servieren.

Bratkartoffelcurry
mit Brokkoli und Joghurt

AUFWAND: ★★★★
ZUBEREITUNGSZEIT: ca. 40 Min.
GARZEIT: ca. 20 Min.
PRO PORTION: ca. 335 kcal

ZUTATEN FÜR 4 PERSONEN:
Salz
750 g Brokkoli
4 Knoblauchzehen
1 Stück Ingwer (ca. 5 cm)
1 Bund Frühlingszwiebeln
350 g Tomaten
1 Bund Thai-Basilikum
750 g vorwiegend festkochende Kartoffeln
3 EL Sonnenblumenöl
2–3 EL Currypaste (aus dem Asienladen oder selbst gemacht; siehe Tipp)
4 EL griechischer Joghurt (10 % Fett)

1. Reichlich Salzwasser in einem großen Topf zum Kochen bringen. Den Brokkoli in mundgerechte Röschen teilen, den Stiel schälen und in Scheiben schneiden. Beides im Salzwasser 2 Min. blanchieren, in ein Sieb abgießen, kalt abschrecken und abtropfen lassen.

2. Knoblauch und Ingwer schälen und beides in feine Würfel schneiden. Die Frühlingszwiebeln putzen, waschen und in Ringe schneiden. Die Tomaten waschen und in Würfel schneiden, dabei die Stielansätze entfernen. Das Thai-Basilikum abbrausen, trocken schütteln und die Blätter zerzupfen. Die Kartoffeln schälen und in 2 cm große Würfel schneiden.

3. In einer großen beschichteten Pfanne oder dem Wok das Öl erhitzen und die Kartoffelwürfel darin bei mittlerer Hitze zugedeckt in etwa 15 Min. goldbraun braten. Dabei den Deckel so auflegen, dass noch ein wenig Dampf entweichen kann, und die Kartoffeln immer wieder schwenken oder umrühren. Dann die Currypaste, Knoblauch, Ingwer, Frühlingszwiebeln, Tomaten und Brokkoli dazugeben und unter Rühren 5 Min. mitgaren. Das Bratkartoffelcurry mit Salz und Pfeffer würzen und mit Thai-Basilikum bestreuen. Das Curry auf Tellern anrichten und jeweils mit 1 EL Joghurt servieren.

Currypaste selbst gemacht

Stellen Sie Ihre eigene Currypaste her – ohne Glutamat und Co., die in den meisten gekauften Pasten versteckt sind: Dafür 2–4 rote Chilischoten und 5 milde rote Peperoni halbieren, entkernen und waschen. 3 Knoblauchzehen und 2 Schalotten schälen und in feine Würfel schneiden. Je 4 Koriander- und Minzestängel abbrausen und trocken schütteln, die Blätter abzupfen und hacken. 1 EL getrocknete Pilze (z. B. Steinpilze), 2 EL Korianderkörner und 1 EL Dill- oder Fenchelsamen in einer Pfanne rösten, bis sie duften. Vom Herd nehmen, die vorbereiteten Zutaten untermischen und 2 Min. ziehen lassen. Im Blitzhacker mit 1 TL Salz, 1 EL Zucker und 1 EL Öl cremig pürieren und in ein Glas füllen. Die Currypaste ist im Kühlschrank 2 Wochen haltbar.

Bohnensuppe
mit Dinkel und Pancetta

AUFWAND: ★★★★
ZUBEREITUNGSZEIT: ca. 25 Min.
EINWEICHZEIT: ca. 24 Std.
GARZEIT: ca. 4 Std.
PRO PORTION: ca. 480 kcal

ZUTATEN FÜR 4 PERSONEN:
250 g getrocknete Bohnen (siehe Tipp)
50 g Dinkelkörner
1¼ l Rinder- oder Gemüsebrühe
Salz
80 g Pancetta (ital. Bauchspeck; oder Räucherspeck)
1 Bund Frühlingszwiebeln
3 Knoblauchzehen
1 Chilischote
4 Zweige Rosmarin | 6 Zweige Salbei
3 EL Olivenöl | Pfeffer
100 g Parmesan (am Stück)

Bohnen nach Wahl

Dieses Rezept stammt aus Elba. Traditionell kocht man die Suppe dort mit den rötlich marmorierten Borlotti- oder Wachtelbohnen. Sie können aber auch jede andere Bohnensorte verwenden, z. B. dicke weiße Bohnen, Cannellini-Bohnen oder Käferbohnen. Achten Sie jedoch auf die Garzeit, sie ist je nach Sorte ziemlich unterschiedlich.

1. Am Vortag Bohnen und Dinkelkörner jeweils in eine Schüssel geben, mit kaltem Wasser bedecken und mindestens 24 Std. einweichen.

2. Am nächsten Tag die Bohnen und den Dinkel jeweils in ein Sieb abgießen. Die Bohnen mit der Brühe in einen Topf geben und bei sehr kleiner Hitze in 3–4 Std. weich kochen, dabei gelegentlich den Schaum entfernen. Die Bohnensuppe mit dem Stabmixer fein pürieren. Während die Bohnen kochen, die Dinkelkörner in einen Topf geben, mit Salzwasser bedecken und in etwa 1 Std. weich garen. Dann abgießen und beiseitestellen.

3. Die Pancetta in Streifen schneiden. Die Frühlingszwiebeln putzen, waschen und in Ringe schneiden. Den Knoblauch schälen. Die Chilischote putzen, nach Belieben entkernen und waschen. Die Kräuter waschen und trocken schütteln, die Nadeln bzw. Blätter abzupfen. Knoblauch, Chili, Rosmarin und Salbei fein hacken.

4. In einem Topf 2 EL Olivenöl erhitzen und die Pancettastreifen darin bei mittlerer Hitze hellbraun und knusprig braten. Herausheben und auf Küchenpapier abtropfen lassen. Die Frühlingszwiebeln mit Knoblauch, Chili, Rosmarin und Salbei im Pancettaöl in etwa 5 Min. weich dünsten, dabei gelegentlich umrühren. Die pürierte Bohnensuppe angießen und aufkochen lassen. Die Dinkelkörner unterrühren und die Suppe mit Salz und Pfeffer würzen. Die Bohnensuppe auf tiefe Teller verteilen und den Parmesan mit dem Sparschäler in Spänen darüberhobeln. Die Suppe mit der Pancetta bestreuen und mit dem restlichen Olivenöl beträufeln.

Zwiebelsuppe
nach französischer Art

AUFWAND: ★★★★
ZUBEREITUNGSZEIT: ca. 55 Min.
GARZEIT: ca. 3 Std.
PRO PORTION: ca. 460 kcal

ZUTATEN FÜR 4 PERSONEN:
1,2 kg Zwiebeln
1½ kg Rinderknochen (gehackt)
Salz
1 TL schwarze Pfefferkörner
3 Knoblauchzehen
½ Bund Thymian
1 Möhre
2 Stangen Staudensellerie
1 Lorbeerblatt
600 g Kalbfleisch (z. B. aus der Schulter)
4 EL Olivenöl
6 cl Pernod (franz. Anisschnaps)
Pfeffer
8 Scheiben Weißbrot
50 g frisch geriebener Greyerzer
(oder anderer aromatischer Bergkäse)

1. In einem großen Topf 3 ungeschälte, halbierte Zwiebeln mit der Schnittfläche nach unten 8–10 Min. rösten, bis die Unterseite schwarz ist. Die Knochen abbrausen und dazugeben, mit 3 l kaltem Wasser aufgießen und aufkochen lassen. Salzen, dann die Hitze reduzieren und die Brühe etwa 1 Std. köcheln lassen, dabei gelegentlich den Schaum entfernen.

2. Die Pfefferkörner und die ungeschälten Knoblauchzehen mit der Breitseite eines großen Messers oder im Mörser andrücken. Den Thymian waschen und trocken schütteln. Die Möhre schälen, den Sellerie putzen und waschen. Das Gemüse grob zerkleinern und mit Thymian, Knoblauch, Pfeffer, Lorbeerblatt und Kalbfleisch in die Brühe geben. Das Fleisch in etwa 2 Std. weich garen, dabei darauf achten, dass es immer mit Flüssigkeit bedeckt ist.

3. Das Fleisch aus der Suppe nehmen und abkühlen lassen. Die Brühe durch ein feines Sieb gießen. Die restlichen Zwiebeln schälen, halbieren und in dünne Scheiben schneiden. In einem Topf das Olivenöl erhitzen und die Zwiebeln darin bei kleiner Hitze in etwa 15 Min. glasig dünsten. Mit Pernod ablöschen, mit 1,2 l Brühe auffüllen und 5 Min. kochen lassen (die restliche Brühe einfrieren). Die Suppe mit Salz und Pfeffer abschmecken. Das Kalbfleisch nach Belieben mit einem scharfen Messer zuerst in hauchdünne Scheiben, dann in breite Streifen schneiden und in der Suppe erwärmen (ansonsten kann man es für Sandwiches oder einen Kalbfleischsalat verwenden).

4. Das Weißbrot im Toaster oder unter dem Backofengrill goldbraun rösten. Den Käse auf den Broten verteilen und unter dem Grill schmelzen lassen. Die Suppe auf Terrinen verteilen, die Käsetoasts hineinlegen und sofort servieren.

Die Grätchenfrage

Cacciucco ist die ligurische Version der französischen Bouillabaisse und war wie diese ursprünglich ein Armeleutegericht. Überall, wo gefischt wird, gibt es ähnliche Zubereitungen für die kleinen Fische, die nach dem Markttag übrig blieben.

Ihren unvergleichlichen Geschmack verdanken Bouillabaisse, Cacciucco und Co. den Gräten, und davon haben kleine, eigentlich schwer verkäufliche Felsenfische reichlich. Weil diese Gräten beim Essen stören, bereite ich meinen Cacciucco in zwei Stufen zu: Zuerst wird aus Gräten, Wein, Wermut und Gewürzen der Fond gekocht, in dem dann die Fische und Muscheln sanft gar ziehen können. So landet der volle Geschmack im Topf! Die Mehrarbeit übernimmt der Fischhändler, der die kleinen Fische schon filetiert und auf Wunsch die Gräten dazupackt. Ein Argument mehr, jeden Fisch dort zu kaufen, denn fast immer, wenn Sie Fischfilets verwenden, macht erst ein feiner Fond aus den passenden Gräten das Gericht zum Gedicht. Auch ganze Fische schmecken besonders fein, wenn sie an der Gräte gegart werden. Das heißt aber nicht unbedingt, dass Sie den Fisch auch im Ganzen zubereiten müssen. Gerade für große Fische wie Lachs, Steinbutt oder Seeteufel ist eine Art Kotelett die einfachste und gleichzeitig perfekte Lösung. Deren Gräten liefern nicht nur reichlich Geschmack, sie liegen auch so, dass man sie ganz leicht entfernen kann. Das ist nicht nur bei kleinen Mittelmeerfischen, sondern auch bei manch einheimischen Fischen wie dem Hecht viel schwieriger.

Eine heimische Variante: Cacciucco bavarese

Inspiriert von den mediterranen Fischeintöpfen kann man natürlich auch eine bayerische Variante mit heimischen Süßwasserfischen zubereiten. Dafür können Sie Ihre Lieblingssorten verwenden. Besonders eignen sich z. B. Flusskrebse, Zander, Flussbarsch, Saibling und natürlich Forelle.

Ligurischer Fischeintopf
mit Basilikumpesto (siehe Foto S. 97)

AUFWAND: ★★★★
ZUBEREITUNGSZEIT: 45 Min.
GARZEIT: ca. 30 Min.
PRO PORTION: ca. 370 kcal

ZUTATEN FÜR 4 PERSONEN:
800 g kleine Mittelmeerfische (z. B. Rotbarbe, Dorade, Knurrhahn; vom Fischhändler filetieren lassen, die Gräten mitnehmen)
½ Stange Lauch
1 Knolle Fenchel
2 Stangen Staudensellerie
1 Bund Petersilie
100 ml trockener Wermut (z. B. Noilly Prat)
100 ml trockener Weißwein | Salz
1 EL getrocknete Pilze (z. B. Steinpilze oder Morcheln)
1 EL Fenchelsamen
ca. 12 Miesmuscheln
100 g Datteltomaten
Pfeffer
125 g Weißbrot
3 EL Basilikumpesto (fertig gekauft oder selbst gemacht; siehe Tipp)
2–3 EL Olivenöl (nach Belieben)

1. Für den Fischfond die Gräten mit kaltem Wasser abbrausen. Den Lauch putzen, längs halbieren und waschen. Fenchel und Sellerie putzen und waschen. Das Gemüse in Scheiben schneiden. Die Petersilie abbrausen und trocken schütteln. Das Gemüse mit den Fischgräten, Wermut, Wein und 1 l kaltem Wasser in einem Topf langsam zum Kochen bringen und leicht salzen (1). Petersilie, Pilze und Fenchelsamen dazugeben und alles bei kleiner Hitze etwa 30 Min. ziehen lassen, dabei öfter den Schaum entfernen.

2. Die Miesmuscheln unter kaltem Wasser gründlich abbürsten (2), geöffnete Muscheln wegwerfen. Ein Nudelsieb mit einem feuchten Passiertuch auslegen (oder ein feines Sieb verwenden). Den Fischfond durch das Sieb in einen zweiten Topf gießen. Die Tomaten waschen und in Scheiben schneiden, mit den Muscheln in den Fischfond geben und 3–4 Min. kochen lassen, bis sich alle Muscheln geöffnet haben (3). Muscheln, die sich nicht öffnen, aussortieren. Die Fischfilets waschen, trocken tupfen und in mundgerechte Stücke schneiden, in die Suppe geben (4) und bei kleinster Hitze gar ziehen lassen. Die Suppe mit Salz und Pfeffer würzen.

3. Das Weißbrot in unregelmäßige 1–2 cm große Stücke zupfen und in einer Pfanne ohne Fett goldbraun rösten. Das Pesto nach Belieben mit Olivenöl verrühren, sodass es fast flüssig ist. Die Suppe auf tiefe Teller verteilen, mit Pesto garnieren und mit den Croûtons bestreuen.

Basilikumpesto selbst gemacht

Basilikumpesto ist ein wahres Aromawunder. Es gibt Eintöpfen, Suppen und Gemüsesaucen im Nu einen Frischekick und ist als Pastasauce einfach unschlagbar. Für 1 Glas (etwa 400 ml) Pesto 3 Bund Basilikum waschen und trocken schütteln, die Blätter abzupfen und mit 1 Knoblauchzehe, ½ TL Salz und etwa 150 ml Olivenöl im Blitzhacker kurz zerkleinern. 50 g Pinienkerne dazugeben, alles zu einer cremigen Sauce pürieren und 50 g geriebenen Parmesan unterrühren. Das Pesto in ein Glas füllen, glatt streichen und mit einer Schicht Olivenöl bedecken. Es hält sich gut 2 Wochen im Kühlschrank.

1

2

2000
2000 Watt
Booster
Menu
Keep warm
Down
Up
Power

2000 Watt
Booster
Menu
Keep warm
Power
4

Hühnercremesuppe
mit Pilzen und Estragon

AUFWAND: ★★★★
ZUBEREITUNGSZEIT: ca. 40 Min.
GARZEIT: ca. 1 Std. 10 Min.
PRO PORTION: ca. 765 kcal

ZUTATEN FÜR 4 PERSONEN:
1 ganzes Hähnchen (ca. 1½ kg; küchenfertig)
3 Zwiebeln | Salz
2 Knoblauchzehen
1 kleine Petersilienwurzel
250 g vorwiegend festkochende Kartoffeln
2 Stangen Staudensellerie
250 g Pilze (z. B. Champignons oder Austernpilze)
3 EL Butter
Pfeffer
100 ml Weißwein
250 g Sahne
1 Bund Estragon
Estragonessig zum Abschmecken (nach Belieben)

1. Das Hähnchen innen und außen waschen und trocken tupfen. Die Keulen mit einem scharfen Messer im Gelenk vom Körper trennen. Die Brustfilets mit langen Schnitten dicht am Knochen vom Brustbein lösen. Das Fleisch von den Keulen schneiden und mit den Brustfilets in 2 cm große Würfel schneiden. Das Fleisch auf einen Teller geben und in den Kühlschrank stellen. 1 ungeschälte Zwiebel halbieren und mit den Hähnchenknochen, etwas Salz und 1,2 l kaltem Wasser in einem Topf aufkochen lassen. Die Brühe bei kleiner Hitze etwa 45 Min. köcheln lassen, dabei gelegentlich den Schaum entfernen.

2. Die restlichen Zwiebeln und den Knoblauch schälen. Die Petersilienwurzel und die Kartoffeln schälen. Den Sellerie putzen und waschen. Die Pilze trocken abreiben und putzen. Die vorbereiteten Zutaten in kleine Würfel schneiden. Die Butter in einem Topf zerlassen und das Hähnchenfleisch darin bei mittlerer Hitze in 10 Min. rundherum goldbraun braten, mit Salz und Pfeffer würzen. Die Gemüsewürfel dazugeben und mitbraten, bis sie ganz leicht Farbe bekommen haben. Mit dem Wein ablöschen und die Flüssigkeit vollständig einkochen lassen. Die Hähnchenbrühe durch ein Sieb gießen und mit der Sahne zum Gemüse geben. Die Cremesuppe etwa 25 Min. köcheln lassen.

3. Den Estragon waschen und trocken schütteln, die Blätter abzupfen, grob schneiden und unter die Suppe rühren. Die Hühnercreme mit Salz, Pfeffer und nach Belieben mit 1 Spritzer Estragonessig abschmecken und auf tiefe Teller verteilen.

Borschtsch
mit frischem Meerrettich

AUFWAND: ★★★★
ZUBEREITUNGSZEIT: ca. 30 Min.
GARZEIT: ca. 1½ Std.
PRO PORTION: ca. 315 kcal
(bei 6 Personen)

ZUTATEN FÜR 4–6 PERSONEN:
200 g Rote Beten
100 g Möhren
400 g vorwiegend festkochende Kartoffeln
2 Zwiebeln
200 g Weißkohl
3 Zweige Thymian
2 Entenkeulen | Salz
1–2 EL Enten- oder Gänseschmalz
150 ml Portwein
100 ml Rotweinessig
1 Lorbeerblatt | Pfeffer
150 g saure Sahne
je ½ Bund Dill und Bohnenkraut
1 Stück frischer Meerrettich (ca. 3 cm)

1. Rote Beten, Möhren, Kartoffeln und Zwiebeln schälen und alles in 1 cm große Würfel schneiden. Den Weißkohl putzen und in feine Streifen schneiden, dabei den Strunk entfernen. Den Thymian abbrausen und trocken schütteln. Die Entenkeulen waschen und trocken tupfen, im Gelenk halbieren und salzen.

2. Das Entenschmalz in einem großen Topf erhitzen und die Keulen darin rundherum anbraten. Mit Portwein und Essig ablöschen und Gemüsewürfel, Kohlstreifen, Thymian und Lorbeerblatt dazugeben. Die Entenkeulen mit 1,2 l Wasser aufgießen und zugedeckt bei kleiner Hitze etwa 1½ Std. schmoren, dabei gelegentlich umrühren.

3. Die Entenkeulen herausnehmen und etwas abkühlen lassen. Das Fleisch von den Knochen lösen und in mundgerechte Stücke schneiden, in den Eintopf geben und mit Salz und Pfeffer würzen. Die saure Sahne glatt rühren. Den Dill und das Bohnenkraut abbrausen und trocken schütteln, die Blätter bzw. Spitzen abzupfen und hacken. Den Meerrettich schälen und fein reiben. Den Borschtsch auf tiefe Teller verteilen und je 1 Klecks saure Sahne daraufgeben, mit Kräutern und Meerrettich bestreuen.

Gesäuerte Rote Bete selbst gemacht

Traditionell wird Borschtsch nicht mit frischer, sondern mit gesäuerter Roter Bete zubereitet (dann kein zusätzlicher Essig). Das Rezept dafür ähnelt dem für Sauerkraut, aber weil Rote Bete trockener ist als Weißkohl, muss Salzlake hinzugefügt werden: 60 g Salz mit 1½ l Wasser aufkochen, abkühlen lassen. 3½ kg Rote Beten schälen und raspeln, mit 1 Bund Dill, 2 Zweigen frischen Lorbeerblättern, 1 EL schwarzen Pfefferkörnern und 300 ml Molke in einen Gärtopf (7½ l) schichten, mit der Salzlake bedecken (restliche Lake weggießen oder aufbewahren, um bei Bedarf die Flüssigkeit im Gärtopf zu ergänzen). Die Wasserrinne füllen, zudecken und bei Zimmertemperatur 4–5 Tage stehen lassen, bis die Gärung beginnt. Danach die Roten Beten 4–6 Wochen im kühlen Keller reifen lassen. Die gesäuerten Roten Beten portionsweise entnehmen, dabei darauf achten, dass das Gemüse immer von Lake bedeckt ist. Gesäuerte Rote Bete serviert man roh als Salat oder als Gemüse (mit Zwiebeln 15 Min. gegart).

Wiener Gulaschsuppe
mit Kartoffeln und Majoran

AUFWAND: ★★★★
ZUBEREITUNGSZEIT: ca. 40 Min.
GARZEIT: ca. 2 Std.
PRO PORTION: ca. 345 kcal
(bei 6 Personen)

ZUTATEN FÜR 4–6 PERSONEN:
600 g Rindfleisch (aus der Wade oder Schulter)
500 g Zwiebeln
4 Knoblauchzehen
1 TL Kümmelsamen
2 EL Butterschmalz
2 EL Paprikapulver (edelsüß)
¼ TL Paprikapulver (rosenscharf)
1 TL Tomatenmark
2 EL Rotweinessig
Salz | Pfeffer
1,2 l Rinderbrühe
300 g vorwiegend festkochende Kartoffeln
1 Bio-Zitrone
3 Stängel Majoran

1. Das Rindfleisch in 1–2 cm große Würfel schneiden. Die Zwiebeln und den Knoblauch schälen. Die Zwiebeln halbieren und in dünne Scheiben schneiden. Den Knoblauch mit dem Kümmel hacken.

2. Das Butterschmalz in einem schweren Topf erhitzen. Die Zwiebeln darin bei großer Hitze unter häufigem Rühren in etwa 5 Min. goldbraun braten. Den Knoblauch mit Kümmel, Paprikapulver und Tomatenmark unterrühren. Mit dem Essig ablöschen.

3. Das Fleisch in den Topf geben, mit Salz und Pfeffer würzen und bei kleiner Hitze etwa 2 Std. dünsten, dabei den Deckel einen winzigen Spalt offen lassen. Die Brühe in einen Topf geben und aufkochen lassen. Ab und zu sehr wenig Brühe zum Fleisch geben, erst 30 Min. vor Garzeitende den großen Rest Brühe dazugießen.

4. Die Kartoffeln schälen und in Würfel schneiden. 30 Min. vor Garzeitende mit der übrigen Brühe zur Suppe geben. Die Zitrone heiß waschen, abtrocknen und die Schale fein abreiben. Den Majoran waschen und trocken schütteln, die Blätter abzupfen, hacken und mit der Zitronenschale kurz vor dem Servieren unter die Suppe rühren. Die Gulaschsuppe mit Salz und Pfeffer abschmecken und auf tiefe Teller verteilen.

Typisch Wiener Gulasch

Eine original Wiener Gulaschsuppe verdankt ihren typischen Geschmack Fleischsaft, Zwiebeln und Paprikapulver. Man schmeckt keine Röststoffe, denn das Fleisch wird nicht angebraten, sondern nur sanft gedünstet. Nach dem gleichen Rezept können Sie übrigens ein Gulasch zubereiten: Schneiden Sie dafür das Fleisch in 3–4 cm große Würfel, geben nur ½ l Brühe dazu und lassen Sie die Kartoffeln weg.

Linseneintopf
mit Sellerie und Salsiccia

AUFWAND: ★★★★
ZUBEREITUNGSZEIT: ca. 55 Min.
EINWEICHZEIT: ca. 12 Std.
PRO PORTION: ca. 685 kcal

ZUTATEN FÜR 4 PERSONEN:
250 g getrocknete Linsen (z. B. Puy-, Castelluccio- oder Belugalinsen)
5 Knoblauchzehen
2 Möhren
200 g Knollensellerie
3 Zweige Rosmarin
3–4 EL Olivenöl
1 Lorbeerblatt
1 l Rinder- oder Gemüsebrühe
Salz
350 g Salsiccia (fertig gekauft oder selbst gemacht; siehe Tipp)
Pfeffer

1. Am Vortag die Linsen mindestens 12 Std. – am besten über Nacht – in kaltem Wasser einweichen (nach Belieben auch sofort garen, nach dem Einweichen garen sie jedoch besonders gleichmäßig).

2. Am Zubereitungstag die Linsen in ein Sieb abgießen und abtropfen lassen. Den Knoblauch schälen und fein hacken. Die Möhren und den Sellerie schälen und in 1 cm große Würfel schneiden. Den Rosmarin abbrausen und trocken schütteln. In einem Topf 2–3 EL Olivenöl erhitzen und das Gemüse darin mit den Rosmarinzweigen und dem Lorbeerblatt farblos andünsten. Die Linsen in den Topf geben und mit der Brühe aufkochen lassen. Leicht salzen und die Linsen bei kleiner Hitze in etwa 20 Min. weich kochen, dabei immer wieder – vor allem zu Beginn – den Schaum entfernen. Sollte der Linseneintopf zu sämig werden, noch etwas heißes Wasser angießen.

3. Die Salsiccia längs aufschneiden und die Haut abziehen. Das Brät sehr grob zerpflücken und in einer beschichteten Pfanne im restlichen Olivenöl anbraten. Das Brät unter den Linseneintopf mischen, 5 Min. mitkochen und den Eintopf mit Salz und Pfeffer abschmecken. Den Linseneintopf auf tiefe Teller verteilen und mit Krustenbrot (siehe S. 18) servieren.

Salsiccia selbst gemacht

Salsiccia ist eine sehr würzige italienische Bratwurst. Die Wurstfüllung können Sie auch selbst machen: 500 g Schweineschulter und 200 g fetten Schweinebauch mit den gehackten Blättern von 1 Bund Petersilie, 2 Knoblauchzehen, 10 g Salz, ½ TL Pfeffer, 1 TL gehackten Fenchelsamen, 1 Msp. Chilipulver und ½ TL frisch geriebener Muskatnuss durch den Fleischwolf drehen und gut verkneten. Das Brät 20 Min. ins Tiefkühlfach stellen. Dann alles 10 Min. mit der Küchenmaschine kneten, bis die Masse bindet. Salsiccia-Masse kann man gut einfrieren, zum Beispiel für einen weiteren Eintopf. Oder Sie formen die Masse mit angefeuchteten Händen zu fingerdicken Würstchen und füllen sie nach Belieben in Därme. Die Salsiccia-Würste entweder 6–8 Min. in der Pfanne braten oder auf dem Holzkohlegrill garen.

Konzentrierter Geschmack

Hier wird der Koch zum Alchemisten: Die Gazpacho-Essenz ist mehr als ein Aromen-Konzentrat, in ihr wird auch die »kulinarische Information« des spanischen Traditionsgerichts eingefangen. Wir schmecken Gurke, Tomate, Paprika und dazu Sonne, Strand und Ferienlaune.

Während unsere Essenz kaum Kalorien enthält, ist die traditionelle Gazpacho eine zwar leckere, aber sehr nahrhafte und oft grob gewürzte Brotsuppe. Wenn Sie auch einmal das Original probieren möchten, es geht ganz einfach: Bereiten Sie die mit Essig und Gewürzen pürierte Gemüsecreme einfach wie im folgenden Rezept beschrieben zu, binden Sie sie mit etwas in Wasser eingeweichtem Weißbrot, mixen Sie zuletzt noch einen kräftigen Schuss Olivenöl unter und schmecken Sie das Ganze fein ab. Die Suppe muss dann mindestens 2 Stunden kühl gestellt werden – natürlich ohne Gelatine. Für das Personalessen im legendären »El Bulli«, dem ehemaligen Restaurant von Ferran Adrià in Katalanien, wurde die Gazpacho noch durch ein grobes Spitzsieb passiert und mit einem Klacks Mayonnaise cremig gebunden. Als Garnitur wählen spanische Köche natürlich keine Brezel-, sondern Weißbrot-Croûtons. Anders als viele vielleicht annehmen würden, ist Knoblauch zwar durchaus gebräuchlich, aber keine Hauptzutat für die Gazpacho. Ein Hauch davon schadet nicht, aber es sollte wirklich nur ein Hauch sein. Dosieren Sie den Knoblauch in etwa so wie den Wermut für einen sehr trockenen Martini dry. Es genügt, wenn Sie in der Küche daran denken …

Klar und besonders aromatisch

Das »Prinzip Passiertuch« ist so einfach wie genial. Ähnlich wie bei der Gazpacho-Essenz beschrieben, können Sie auch andere wasserreiche Obst- und Gemüsesorten, wie z. B. Melonen oder Staudensellerie, pürieren und in einem Passiertuch abtropfen lassen. So entstehen klare, aromatische Säfte – perfekte Grundlagen für leichte Sommersaucen und -suppen.

Gelierte Gazpacho-Essenz

mit Basilikumöl und Brezel-Croûtons (siehe Foto S. 109)

AUFWAND: ★★★★
ZUBEREITUNGSZEIT: ca. 45 Min.
RUHEZEIT: ca. 4 Std.
PRO PORTION: ca. 290 kcal

ZUTATEN FÜR 4 PERSONEN:

Für die Gazpacho-Essenz:
2 Salatgurken
1 Knoblauchzehe
2 rote Paprikaschoten
600 g stückige Tomaten (aus der Dose)
2 EL Rotweinessig
1 TL Fenchelsamen
1 TL Korianderkörner
Salz | Pfeffer
3 Blätter Gelatine
½ kleiner Zucchino
1 Brezel (oder Laugenstange)
2 EL Olivenöl
1–2 TL Weißweinessig
4 EL Schichtkäse

Für das Basilikumöl:
1 Bund Basilikum
4 EL Olivenöl | Salz

1. Für die Gazpacho-Essenz die Gurken und den Knoblauch schälen. Die Paprikaschoten längs halbieren, entkernen und waschen. Je ½ Paprikaschote und Gurke beiseitelegen. Das übrige vorbereitete Gemüse grob zerkleinern und mit Tomaten, Essig, Fenchelsamen und Koriander in ein hohes Gefäß geben. Mit dem Stabmixer fein pürieren und das Püree mit Salz und Pfeffer kräftig würzen.

2. Ein Nudelsieb mit einem feuchten Küchentuch auslegen und das Gemüsepüree hineingeben (1). Den Saft etwas abtropfen lassen, dann das Püree im Tuch ausdrücken. (Wer die Essenz ganz klar haben möchte, drückt das Püree nicht aus, sondern bindet die Ecken des Tuchs zusammen und hängt das Püree über einer Schüssel auf (2). Das Püree in einem kühlen Raum – am besten im Kühlschrank – mindestens 12 Std. abtropfen lassen.)

3. Die Gelatineblätter in kaltem Wasser einweichen. Vom Gemüsesaft 600 ml abmessen. Die Gelatine ausdrücken und in einem Topf mit etwa 100 ml Gemüsesaft unter Rühren erwärmen, bis sie sich auflöst (3). Den restlichen Gemüsesaft dazugeben, mit Salz und Pfeffer abschmecken und abkühlen lassen. Dann auf Suppenschalen oder Gläser verteilen. Die Essenz mindestens 4 Std. kühl stellen, bis sie ganz leicht geliert.

4. Für das Basilikumöl das Basilikum abbrausen und trocken schütteln, die Blätter abzupfen und 4 Blätter beiseitelegen. Die restlichen Basilikumblätter, das Olivenöl und 1 Prise Salz in ein hohes Gefäß geben und mit dem Stabmixer fein pürieren. Das Basilikumöl nach Belieben zusätzlich durch ein feines Sieb streichen (4).

5. Den Zucchino putzen, waschen und mit den restlichen Paprika- und Gurkenhälften in feine Würfel schneiden. Die Brezel in dünne Scheiben schneiden und in 1 EL Olivenöl knusprig braten. Die Gemüsewürfel mit dem Essig, dem restlichen Olivenöl und 1 Prise Salz würzen und auf der Essenz anrichten. Mit je 1 EL Schichtkäse und 1 Basilikumblatt garnieren, mit Basilikumöl beträufeln und mit Brezel-Croûtons servieren.

2

4

Pasta, Reis und Gemüse

Wie ein Gedicht

Nichts geht über selbst gemachte Nudeln, das weiß jeder, der es schon mal probiert hat. Teigtaschen kann man dann mit den feinsten Füllungen und Saucen kombinieren – in diesem Fall ein aromatisches Kalbsbäckchen-Ragout und Quittensauce.

Laura, Giulia, Eleonora, viele italienische Frauennamen klingen sehr melodisch. Deshalb falte ich in dem folgenden Rezept die Teigtaschen zu Mezzelune und nicht zu Maultaschen, obwohl sie als solche genauso gut schmecken würden. Es geht aber nicht nur um den poetischen Namen – der Rezepttitel ist auch der Tatsache geschuldet, dass ich mich bei diesem Gericht von der Idee meines Freundes Sebastiano, einem italienischen Küchenchef, habe inspirieren lassen. In Bayern landen Kalbs- und Schweinebäckchen traditionell vor allem in Sülzen oder Wurstwaren, bei vielen Metzgern muss man sie deshalb vorbestellen. In Italien kommt ein Teil davon zwar ebenfalls in die Wurst, ansonsten werden Bäckchen von Kalb und Rind dort aber auch für leckere Schmorgerichte verwendet. Warum das Sinn macht: Schweine- oder Kalbsbäckchen sind gleichmäßig von Bindegewebe durchzogen, anders als zum Beispiel die Rinderschulter, durch deren Mitte eine dicke Sehne läuft. Auch die Schultersehne wird beim Garen irgendwann weich, aber gleichzeitig auch glibberig. In den Bäckchen dagegen löst sich das Bindegewebe auf. Das Fleisch wird unglaublich saftig und aromatisch, wenn man es langsam und lange schmort. Dann zergeht es auf der Zunge wie ein Gedicht von Petrarca.

Frische Maroni – ein herbstlicher Genuss

Maronen geben der Mezzelune-Füllung eine besondere Note. Es gibt sie vorgegart, es macht aber wenig Mühe, das selbst zu tun: Dafür die Kastanien quer zur Faser einritzen und entweder 20 Min. in schwach gesalzenem Wasser kochen oder bei 200° im Ofen 30 Min. backen. Dann in ein feuchtes Küchentuch wickeln, kurz ruhen lassen und schälen.

Mezzelune

mit Kalbsbäckchen und Quitten (siehe Foto S. 115)

AUFWAND: ★★★★
ZUBEREITUNGSZEIT: ca. 2 Std.
GAR- UND RUHEZEIT: ca. 1 Std.
PRO PORTION: ca. 510 kcal

ZUTATEN FÜR 6 PERSONEN:

Für die Füllung und die Sauce:

100 g Schalotten | 2 Knoblauchzehen
1 Möhre | 1 Stange Staudensellerie
2 EL Butterschmalz
600 g Kalbsbäckchen (oder Schweinebäckchen; beim Metzger vorbestellen)
Salz | Pfeffer
1 TL Mehl zum Bestäuben
100 g geschälte Maronen (Esskastanien; vakuumverpackt oder siehe Tipp S. 114)
4 EL passierte Tomaten (aus dem Tetrapak)
200 ml Weißwein
1 kleine Quitte (ca. 220 g)
1 EL Zitronensaft
2 EL Butter | 1 EL Zucker
1 Bund Petersilie
2–3 EL frisch geriebener Parmesan

Für den Nudelteig:

300 g feiner italienischer Nudelgrieß (Semola di grano duro; oder Wiener Grießler)
+ etwas Grieß zum Ausrollen
3 Eier (M) | Salz
1½ EL Olivenöl

1. Für die Füllung und die Sauce Schalotten und Knoblauch schälen und in grobe Stücke schneiden. Die Möhre schälen, Sellerie putzen und waschen, beides in Scheiben schneiden. In einer großen Pfanne 1 EL Butterschmalz erhitzen und die Bäckchen darin bei großer Hitze goldbraun braten, mit Salz und Pfeffer würzen und herausnehmen. Das übrige Butterschmalz in der Pfanne erhitzen, das Gemüse darin anbraten und mit Mehl bestäuben, Maronen, Tomaten und Bäckchen dazugeben. Mit etwas Wein ablöschen, einkochen lassen und den Vorgang wiederholen, bis der Wein verbraucht ist. Die Bäckchen mit etwa ¾ l heißem Wasser knapp bedecken und zugedeckt bei kleiner Hitze etwa 2 Std. schmoren (1). Salzen und pfeffern.

2. In der Zwischenzeit für den Nudelteig alle Zutaten mit 1½ EL Wasser, wie auf S. 118 beschrieben, verkneten und ruhen lassen. Die Quitte waschen und abtrocknen, in 1 cm dicke Scheiben schneiden und das Kerngehäuse ausstechen. Die Scheiben in kleine Würfel schneiden und mit Zitronensaft mischen. In einer Pfanne 1 EL Butter erhitzen und die Quitte darin anbraten, den Zucker untermischen und 100 ml heißes Wasser angießen. Die Quitte in etwa 5 Min. weich kochen (evtl. auch deutlich länger).

3. Die Bäckchen mit dem Gemüse in ein Sieb gießen, dabei die Sauce auffangen (ca. 300 ml, falls nötig, noch etwas einkochen lassen). Fleisch und Gemüse im Blitzhacker nicht zu fein zerkleinern. Den Teig in vier Portionen mit der Hand oder – noch besser – mit der Nudelmaschine dünn ausrollen (mit der Maschine zuletzt auf der vorletzten Stufe zweimal ausrollen; 2). Aus dem Teig etwa 40 Kreise von je 8 cm Ø ausstechen. Die Ränder mit wenig Wasser bestreichen. In die Mitte jedes Kreises 1 TL Bäckchenfüllung setzen, die Kreise zu Halbmonden zusammenfalten und die Ränder andrücken (3). Die Mezzelune auf ein mit Grieß bestreutes Tuch legen, ein zweites Tuch darüberlegen. Kühl stellen, bis alle Mezzelune vorbereitet sind.

4. In einem großen Topf Salzwasser erhitzen und die Mezzelune darin in zwei Portionen in jeweils etwa 5 Min. gar ziehen lassen. Quitten unter die Sauce mischen, mit Salz und Pfeffer würzen. Die Petersilie waschen, trocken schütteln, fein schneiden und mit der übrigen Butter zur Sauce geben. Die Mezzelune herausheben (4), mit Parmesan in der Sauce schwenken.

1

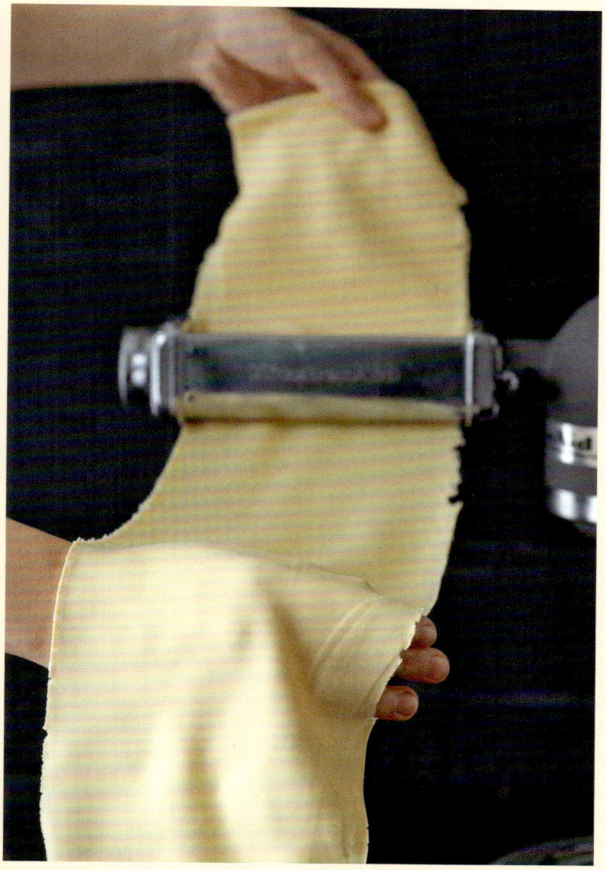

2

3

4

Kartoffel-Teigtaschen
mit Topinambur-Chips

AUFWAND: ★★★★
ZUBEREITUNGSZEIT: ca. 2 Std.
GAR- UND RUHEZEIT: ca. 55 Min.
PRO PORTION: ca. 660 kcal

ZUTATEN FÜR 4 PERSONEN:

Für den Nudelteig:
200 g feiner italienischer Nudelgrieß (Semola di grano duro; oder Wiener Grießler) + etwas Grieß zum Ausrollen
2 Eier (M) | Salz
1 EL Olivenöl

Für die Füllung:
250 g mehligkochende Kartoffeln | Salz
1 Bund Petersilie
4 Stängel Majoran oder Oregano
120 g Fontina (oder Raclettekäse)
1 Ei (M) | 1 TL zimmerwarme Butter
Pfeffer
frisch geriebene Muskatnuss

Für die Chips:
100 g Topinambur
¼ l Öl zum Frittieren | Salz

Für die Sauce:
10 Kirschtomaten
100 g Butter

1. Für den Nudelteig den Grieß mit Eiern, 1 Prise Salz, 1 EL Wasser und Olivenöl in der Küchenmaschine zu einem festen Teig verkneten. Den Teig auf der Arbeitsfläche glatt kneten und in Klarsichtfolie gewickelt bei Zimmertemperatur mindestens 30 Min. ruhen lassen.

2. Für die Füllung die Kartoffeln schälen, in große Stücke schneiden und in Salzwasser in etwa 25 Min. weich kochen. Die Kartoffeln in ein Sieb abgießen und kurz ausdampfen lassen, dann durch die Kartoffelpresse drücken und abkühlen lassen. Die Kräuter waschen und trocken schütteln, die Blätter abzupfen und hacken. Den Käse reiben, das Ei trennen. Etwa 80 g Käse, das Eigelb, die Butter und die Kräuter unter das Püree mischen. Mit Salz, Pfeffer und Muskatnuss kräftig würzen.

3. Den Nudelteig mit der Hand oder – noch besser – mit der Nudelmaschine in vier Portionen dünn ausrollen (mit der Maschine zuletzt auf der vorletzten Stufe zweimal ausrollen). Die Teigbahnen bis zur Verwendung mit Klarsichtfolie bedecken. Die Füllung mit einem Teelöffel im Abstand von etwa 8 cm in zwei Reihen auf zwei Teigbahnen setzen und rundherum dünn mit dem verquirlten Eiweiß bestreichen. Jeweils eine Teigbahn auflegen, mit den Fingern die späteren Raviolіränder andrücken und mit einem Teigrad oder einem Messer Quadrate ausschneiden. Die Teigtaschen auf ein mit Grieß bestreutes Tuch legen, mit einem zweiten bedecken und kühl stellen.

4. Für die Chips den Topinambur unter kaltem Wasser abbürsten, abtrocknen und längs in sehr dünne Scheiben schneiden. In einer Pfanne das Öl erhitzen und den Topinambur darin portionsweise knusprig frittieren. Auf Küchenpapier abtropfen lassen und salzen. Für die Sauce die Tomaten waschen, vierteln und in einer großen Pfanne mit der Butter und 5 EL Nudelkochwasser kurz dünsten.

5. In einem Topf reichlich Salzwasser zum Kochen bringen. Die Teigtaschen darin in etwa 8 Min. gar ziehen lassen. Herausheben, abtropfen lassen und im Tomatenragout schwenken. Die Kartoffel-Teigtaschen auf Teller verteilen und mit restlichem Käse und Topinambur-Chips bestreuen.

Bandnudeln
mit Saubohnen und Minze

AUFWAND: ★★★★
ZUBEREITUNGSZEIT: ca. 1½ Std.
PRO PORTION: ca. 695 kcal

ZUTATEN FÜR 4 PERSONEN:
Für den Nudelteig:
125 g feiner italienischer Nudelgrieß (Semola di grano duro; oder Wiener Grießler) + etwas Grieß zum Ausrollen
125 g Mehl | Salz
Für die Sauce:
Salz
400 g Saubohnenkerne (frisch oder TK; entspricht ca. 2 kg Bohnen in der Schote)
2–3 junge Knoblauchzehen
1 Chilischote
4 Stängel Minze
2–3 EL Olivenöl
2 EL kalte Butter
100 g fester Ziegenfrischkäse (oder Schafskäse)

Feine Bohnen

Saubohnenkerne stecken in einem hellen, dünnen Häutchen. Wer mag, kann die Kerne nach dem Blanchieren aus diesen Häutchen drücken – dann sind die Kerne leuchtend grün. Bei größeren Bohnenkernen empfiehlt sich das Entfernen der Häutchen auf jeden Fall, denn sie sind manchmal ein wenig zäh.

1. Für den Nudelteig den Grieß mit Mehl und ⅛ l Wasser in der Küchenmaschine zu einem festen Teig verkneten. Den Teig auf der Arbeitsfläche glatt kneten und in Klarsichtfolie gewickelt bei Zimmertemperatur mindestens 30 Min. ruhen lassen.

2. Für die Sauce in einem Topf reichlich Salzwasser zum Kochen bringen und die Saubohnen darin 2 Min. kochen. In ein Sieb abgießen, kalt abschrecken und abtropfen lassen (nach Belieben die Kerne aus den Häutchen drücken, siehe Tipp). Den Knoblauch schälen und in dünne Scheiben schneiden. Die Chilischote halbieren, den Stiel, die Trennwände und nach Belieben die Kerne entfernen, die Hälften waschen und fein hacken. Die Minze abbrausen, trocken schütteln und die Blätter in Stücke zupfen.

3. Den Nudelteig von Hand oder – noch besser – mit der Nudelmaschine dünn ausrollen (mit der Maschine zuletzt auf der vorletzten Stufe zweimal ausrollen). Den Teig zu Bandnudeln schneiden. In einem großen Topf reichlich Salzwasser zum Kochen bringen und die Nudeln darin je nach Dicke in 3–5 Min. bissfest garen.

4. Für die Sauce in einer großen Pfanne das Olivenöl erhitzen und Knoblauch und Chili darin anbraten. Die Bohnenkerne dazugeben und erhitzen. Die Nudeln mit dem Schaumlöffel aus dem Wasser heben und tropfnass mit der Butter in Stückchen zu den Bohnen geben. Alles bei großer Hitze schwenken und mit Salz abschmecken. Die Bandnudeln mit den Saubohnen auf Teller verteilen und den Käse darüberbröckeln.

Orecchiette
mit Wildschwein-Ragout

AUFWAND: ★★★☆
ZUBEREITUNGSZEIT: ca. 55 Min.
GARZEIT: ca. 2 Std.
PRO PORTION: ca. 995 kcal

ZUTATEN FÜR 4 PERSONEN:
800 g Wildschweinkeule oder -schulter
2 kleine Zwiebeln | 3 Knoblauchzehen
1 Möhre | 250 g Steckrübe
1 TL schwarze Pfefferkörner
1 TL Wacholderbeeren
2 Zweige Rosmarin | 1 Lorbeerblatt
80 g Räucherspeck
125 g passierte Tomaten (aus dem Tetrapak)
½ l Rotwein (z. B. Spätburgunder oder Barbera)
100 g getrocknete Pflaumen (siehe S. 230; oder 100 g Powidl, siehe S. 234)
1 kleine Kartoffel (ca. 100 g)
400–500 g Orecchiette | 4 EL saure Sahne

Glänzende Saucen

Saucenköche kennen einen besonderen Trick – sie löschen den Bratensatz immer wieder mit kleinen Mengen Flüssigkeit ab. Das hat mehrere Vorteile: Die Säuren aus Wein oder Essig werden dabei teilweise zersetzt und deshalb milder. Außerdem karamellisieren Kohlenhydrate und Zucker aus der Ablöschflüssigkeit im heißen Bratfett, sodass neue Aromen entstehen. Und schließlich bildet sich durch die schockartige Verwirbelung von Flüssigkeit und Bratfett eine Emulsion, und die Sauce bekommt einen seidigen Glanz. Mehrfaches Ablöschen verstärkt diesen Effekt.

1. Das Fleisch in sehr kleine Würfel schneiden oder durch die grobe Scheibe des Fleischwolfs drehen. Zwiebeln, Knoblauch, Möhre und Steckrübe schälen und alles in kleine Würfel schneiden. Die Pfefferkörner mit den Wacholderbeeren im Mörser andrücken. Den Rosmarin abbrausen und trocken schütteln, die Nadeln abstreifen und fein hacken.

2. Den Speck in kleine Würfel schneiden. Einen schweren Schmortopf oder eine Pfanne erhitzen und den Speck darin auslassen. Die knusprigen Speckwürfel mit dem Schaumlöffel herausnehmen. Das Fleisch im Speckfett in zwei Portionen bei sehr großer Hitze hell anbraten (falls das Fleisch trotzdem zu köcheln beginnt: nicht umrühren, bis die Flüssigkeit verdunstet ist und das Fleisch wieder brät!).

3. Das vorbereitete Gemüse zum Fleisch geben und bei mittlerer Hitze 2–3 Min. mitbraten. Die Gewürze, den Rosmarin und das Lorbeerblatt untermischen. Die passierten Tomaten hinzufügen, mit Salz würzen und nach 1 Min. mit wenig Wein ablöschen. Die Flüssigkeit einkochen lassen, bis das Fleisch wieder zu brutzeln beginnt, und den Vorgang drei- bis viermal wiederholen. Die Pflaumen in kleine Stücke schneiden und dazugeben. Den restlichen Wein angießen. Die Kartoffel schälen und in den Topf reiben. Das Wildschwein-Ragout bei kleiner Hitze etwa 2 Std. schmoren, dabei ab und zu wenig warmes Wasser hinzufügen (insgesamt etwa ¼ l).

4. In einem großen Topf reichlich Salzwasser zum Kochen bringen und die Orecchiette darin nach Packungsangabe bissfest garen. Die Nudeln in ein Sieb abgießen, abtropfen lassen, mit der Sauce mischen und 1 Min. ziehen lassen. Zum Servieren mit den Speckwürfeln bestreuen und jeweils 1 Klecks saure Sahne daraufgeben.

Kürbis-Lasagne
mit Hähnchen und Ricotta

AUFWAND: ★★★☆
ZUBEREITUNGSZEIT: ca. 1 Std. 15 Min.
GARZEIT: ca. 45 Min.
PRO PORTION: ca. 970 kcal

ZUTATEN FÜR 4 PERSONEN:
1 Stange Staudensellerie
1 Möhre
3 Knoblauchzehen
5 Zweige Thymian
1 EL Fenchelsamen
1–2 milde Peperoni
1½ kg aromatische Tomaten
4 Hähnchenkeulen (je 250 g)
4–5 EL Olivenöl
Salz | Pfeffer
1 EL Mehl
125 ml Rotwein
3 EL Rosinen
1 Hokkaido-Kürbis (ca. 800 g)
12 Lasagneplatten (ohne Vorkochen)
400 g Ricotta
3 EL Pinienkerne

1. Den Sellerie putzen und waschen, die Möhre und den Knoblauch schälen. Alles in sehr feine Würfel schneiden. Den Thymian abbrausen, trocken schütteln und die Blättchen abstreifen. Thymian und Fenchelsamen fein hacken. Die Peperoni halbieren, den Stiel und die Trennwände entfernen, die Hälften waschen und in Streifen schneiden. Die Tomaten waschen und in Würfel schneiden, dabei die Stielansätze entfernen.

2. Die Hähnchenkeulen waschen und trocken tupfen. Das Fleisch von den Keulen und mit oder ohne Haut in kleine Würfel schneiden. In einer großen Pfanne 2 EL Olivenöl erhitzen, das Hähnchenfleisch darin goldbraun braten. In einem Topf 1 EL Olivenöl erhitzen und Gemüse (außer den Tomaten), Kräuter und Gewürze darin kurz rösten, mit Salz und Pfeffer würzen. Das Hähnchenfleisch und das Mehl 1 Min. mitbraten und mit dem Wein ablöschen. Die Sauce aufkochen lassen, die Tomaten und Rosinen hinzufügen und das Ragout bei kleiner Hitze etwa 45 Min. schmoren.

3. In der Zwischenzeit den Backofen auf 200° (180° Umluft) vorheizen. Den Kürbis waschen und den Stielansatz entfernen, halbieren und mit einem Esslöffel entkernen. Die Kürbishälften mit Schale in 1 cm dicke Scheiben schneiden. Ein Backblech mit wenig Olivenöl einfetten und die Kürbisscheiben darauflegen, mit Salz und Pfeffer würzen und mit dem restlichen Olivenöl beträufeln. Die Scheiben im Ofen (Mitte) 20 Min. garen.

4. Die Ofentemperatur auf 180° (160° Umluft) reduzieren. Wenig Hähnchenragout in einer hohen Auflaufform (ca. 20 x 30 cm) verteilen und mit 3 Lasagneplatten belegen. Darauf ein Drittel der Kürbisscheiben sowie ein Viertel des Ragouts und Ricottas verteilen. Diesen Vorgang zweimal wiederholen. Die letzte Schicht Teigplatten mit dem restlichen Ragout bedecken, den übrigen Ricotta darauf verteilen. Mit den Pinienkernen bestreuen und die Lasagne im Ofen (Mitte) in etwa 45 Min. goldbraun backen.

Lust auf Reis

Baduzzi stammen aus der Gegend um Enna, dem Nabel Siziliens. Die Anregung für das folgende Rezept habe ich in meinem Lieblingskochbuch »Profumi di Sicilia« gefunden. Der komplette Name Baduzzi di riso o ganéffe bedeutet »Bällchen aus Reis mit großer Lust«.

Warum ich Ihnen die kleinen, bescheidenen Baduzzi vorstelle und nicht die großen, berühmten, meist gefüllten Arancini? Beide sind sehr saftig, die Rezepte ähneln sich. Doch Baduzzi haben einen entscheidenden Vorteil: Sie brauchen nicht mehr Olivenöl als ein Wiener Schnitzel Butter, während Arancini so groß sind, dass sie in reichlich Fett schwimmend frittiert werden müssen. In Sizilien dienen Baduzzi di riso als Suppeneinlage, sie schmecken aber auch als eigenständiges Gericht sehr gut. Am liebsten esse ich sie mit einer süßsauren Peperonata – das sind im Ofen geröstete, gehäutete Paprikaschoten, die man mit Knoblauch, Zwiebeln, Tomaten und Olivenöl im Topf schmort und mit einem Schuss Weißweinessig würzt. Unsere Peperonata-Variante ist inspiriert von einem sizilianischen Rezept, genauer gesagt handelt es sich dabei um eine Kreuzung aus Peperonata und Melanzane all'agrodolce. Für Melanzane all'agrodolce werden kleine Auberginenwürfel mit Sellerie, Tomaten, Pinienkernen, Oliven, Kapern, Weißweinessig, Rosinen und Zucker gemischt. Ob Peperonata oder Melanzane, wichtig ist, dass das Gericht eine süßsaure Note bekommt, die Kräuter und Gewürze können Sie nach Lust und Laune variieren.

Peperonata, Antipasti oder Salsa

Die für unsere Peperonata in Streifen geschnittenen, marinierten Paprikaschoten eignen sich auch als feine Antipasti: Servieren Sie sie mit Sardinen, mit Mozzarella oder ganz einfach pur. Und wenn Sie die Paprikaschoten vor dem Marinieren in kleine Würfel schneiden, haben Sie eine Salsa, die sehr gut zu gegrillten Steaks passt.

Sizilianische Baduzzi
mit Peperonata (siehe Foto S. 127)

AUFWAND: ★★★☆
ZUBEREITUNGSZEIT: ca. 1 Std.
GARZEIT: ca. 25 Min.
PRO PORTION: ca. 1065 kcal

ZUTATEN FÜR 4 PERSONEN:

Für die Baduzzi:
1 l Rinder- oder Gemüsebrühe
1 EL Butter
300 g Risottoreis (z. B. Carnaroli oder Arborio)
65 g Parmesan (am Stück)
3 Eier (M)
Salz | Pfeffer
1–2 EL Rosinen
1 EL Weißweinessig
7 EL Olivenöl
200 g Mehl

Für die Peperonata:
3 EL Olivenöl
600 g gelbe und rote Paprikaschoten
50 g Pinienkerne
1 Bund Frühlingszwiebeln
1–2 EL Honig
2 EL Weißweinessig
Salz | Pfeffer
½ Bund Oregano

1. Für die Baduzzi die Brühe oder 1 l Wasser in einem kleinen Topf aufkochen und bei kleiner Hitze warm halten. In einem zweiten Topf die Butter zerlassen und den Risottoreis darin 2 Min. anschwitzen (die Reiskörner sollten dann einen glasigen Rand haben). Ein Drittel der Brühe angießen und den Risotto bei kleiner Hitze unter häufigem Rühren 18–20 Min. garen, dabei nach und nach die restliche Brühe dazugießen (1). Gegen Ende der Garzeit den Parmesan reiben und unter den Risotto rühren.

2. Den Risotto vollständig abkühlen lassen, dann 1 Ei gründlich untermischen (2) und mit Salz und Pfeffer würzen. Die Rosinen mit 1 EL Essig und 3 EL Wasser in einen Topf geben und aufkochen lassen, den Herd abschalten und die Rosinen ziehen lassen.

3. Für die Peperonata den Backofen auf 240° (besser: 220° Umluft) vorheizen. Ein Backblech mit 1 EL Olivenöl einfetten. Die Paprikaschoten vierteln, Stiele, Trennwände und Kerne entfernen, die Viertel waschen und mit der Hautseite nach oben auf das Backblech legen. Im Ofen (oben) 20–25 Min. backen, bis die Haut Blasen wirft und teilweise schwarz wird. Die Paprika aus dem Ofen nehmen und unter einem feuchten Küchentuch 5 Min. ruhen lassen. Dann die Haut mit einem kleinen Messer abziehen und die Paprika in schmale Streifen schneiden.

4. Die Pinienkerne in einer Pfanne ohne Fett hellbraun rösten. Die Frühlingszwiebeln putzen, waschen und in Ringe schneiden. In einer Pfanne das restliche Olivenöl erhitzen und die Frühlingszwiebeln darin 2–3 Min. braten. Die Rosinen abgießen und Paprikastreifen, Honig und Essig dazugeben, aufkochen lassen und die Peperonata mit Salz und Pfeffer würzen. Den Oregano abbrausen und trocken schütteln, die Blätter abzupfen, fein hacken und mit den Pinienkernen unter die Peperonata mischen.

5. Die restlichen 2 Eier in einem tiefen Teller verquirlen. Das Mehl auf einen Teller geben. Aus der Risottomasse mit einem angefeuchteten Esslöffel Nocken abstechen. Die Baduzzi zuerst in den Eiern, dann im Mehl wenden (3). Das restliche Olivenöl in einer Pfanne erhitzen und die Baduzzi darin goldbraun ausbacken (4). Mit der Peperonata servieren.

1

2

4

Persischer Safranreis
mit Radicchio und Granatapfel

AUFWAND: ★★★★
ZUBEREITUNGSZEIT: ca. 1 Std.
PRO PORTION: ca. 585 kcal

ZUTATEN FÜR 4 PERSONEN:
300 g Basmatireis | Salz
4 EL Butter
1 Döschen Safranfäden (0,1 g)
2–3 EL Pistazienkerne
½ Granatapfel
½ Bund Rucola
6 Köpfe Radicchio trevisano
2–3 EL Olivenöl
1 EL Zucker
300 ml Portwein | Pfeffer

Reisgaren mit Kruste

»Tschello« ist die persische Bezeichnung für diesen lockeren Safranreis. Das Rezept ähnelt dem für Pilaw, unterscheidet sich aber durch die goldbraune Reiskruste am Topfboden. Das Besondere an dieser sanften Garmethode ist das großzügige Stück Butter, das beim Reisgaren dazukommt. Die Butter sammelt sich am Topfboden, sodass der Reis bräunt, ohne anzubrennen. Übrigens: Safran ist das Gewürz für festliche Gelegenheiten, im Alltag schmeckt der Tschello auch ohne das edle Gewürz.

1. Den Reis in einem Sieb kräftig abbrausen, bis das Wasser klar abläuft, und abtropfen lassen. Anschließend den Reis mit 1 l Wasser und 1 kräftigen Prise Salz in einen Topf geben und 5 Min. kochen lassen. Den Reis in ein Sieb abgießen, kalt abbrausen und abtropfen lassen. In einem kleinen schweren Topf 2 EL Butter zerlassen. Den Reis und ⅛ l Wasser dazugeben und den Safran unterrühren. Mit einem Kochlöffelstiel mehrere Vertiefungen in den Reis drücken. Den Deckel mit einem Küchentuch umwickeln, auf den Topf legen und den Reis bei sehr kleiner Hitze etwa 45 Min. dämpfen. (Am Ende der Garzeit hat sich am Boden eine goldbraune Kruste gebildet und der Safranreis ist locker und körnig.)

2. In der Zwischenzeit die Pistazien hacken und in einer Pfanne ohne Fett rösten. Die Granatapfelkerne aus der Frucht brechen, dabei die weißen Trennhäute entfernen (Vorsicht, der Saft färbt!). Den Rucola verlesen, dabei die groben Stiele entfernen. Anschließend abbrausen, trocken schütteln und grob hacken. Den Radicchio putzen, abbrausen und trocken schütteln. Die Köpfe längs halbieren und die Stiele fächerförmig einschneiden, ohne sie dabei von den Blättern zu trennen.

3. In einer Pfanne das Olivenöl erhitzen und die Radicchio-Hälften darin rundherum anbraten. Den Zucker darüberstreuen und schmelzen lassen. Mit der Hälfte des Portweins ablöschen, die Flüssigkeit einkochen lassen und den restlichen Portwein angießen. Den Radicchio mit Salz und Pfeffer würzen und zugedeckt etwa 6 Min. schmoren. Die restliche Butter und die Granatapfelkerne untermischen. Den Radicchio mit dem Safranreis anrichten und mit Rucola und Pistazien bestreuen.

Schmorsalat
mit Rahmknödeln

AUFWAND: ★★★★
ZUBEREITUNGSZEIT: ca. 1 Std. 15 Min.
GARZEIT: ca. 15 Min.
PRO PORTION: ca. 665 kcal

ZUTATEN FÜR 4 PERSONEN:

Für die Rahmknödel:
5 altbackene Brötchen (oder 250 g Weißbrot)
2 EL Butter
450 g Sahne
2 Eier (M)
1 Bund Petersilie
1 Zwiebel
Salz | Pfeffer
frisch geriebene Muskatnuss
1–2 EL Semmelbrösel (nach Belieben)

Für den Schmorsalat:
3 Romana-Salatherzen
Salz | Pfeffer
1 Zwiebel
3–4 Knoblauchzehen
250 g Waldpilze (oder braune Champignons)
1 Apfel (z. B. Cox Orange)
5 Stängel Majoran
2 EL Butter
3 EL Weißwein

1. Für die Knödel die Brötchen quer halbieren und in fingerbreite Streifen, dann quer in sehr dünne Scheiben schneiden. In einer Pfanne 1 EL Butter zerlassen und ein Drittel der Brötchen darin goldbraun rösten. In einem Topf 250 g Sahne erwärmen, aber nicht kochen lassen. Eier mit der Sahne verquirlen, über die Brötchen gießen und diese 30 Min. ziehen lassen.

2. In der Zwischenzeit für den Schmorsalat die Salatherzen putzen, waschen und trocken schütteln. In einem Topf Salzwasser zum Kochen bringen, die Salatherzen darin 1 Min. blanchieren und kalt abschrecken. Die Salate längs vierteln, mit einem Küchentuch flach drücken und dabei etwas trocknen. Die Viertel mit Salz und Pfeffer würzen, die Ränder ein wenig einschlagen und andrücken und die Salate von der unteren Seite aus aufrollen. Zwiebel und Knoblauch schälen und in feine Würfel schneiden. Pilze trocken abreiben und putzen, große Exemplare halbieren oder vierteln.

3. Die Petersilie abbrausen und trocken schütteln, die Blätter abzupfen und fein hacken. Die Zwiebel schälen und in feine Würfel schneiden. In einer Pfanne die restliche Butter zerlassen und die Zwiebel darin glasig dünsten. Die Petersilie 1 Min. mitdünsten. Die Zwiebelmischung locker unter die eingeweichten Brötchen kneten, mit Salz, Pfeffer und Muskatnuss würzen. Reichlich Salzwasser erhitzen. Aus der Brötchenmasse mit angefeuchteten Händen einen Probeknödel formen und im siedenden Wasser 15 Min. kochen. (Falls er zu weich ist, 1–2 EL Semmelbrösel unter die Masse kneten.) Dann 16–20 kleine Knödel formen und eventuell in zwei Töpfen in Salzwasser in etwa 15 Min. gar ziehen lassen.

4. Inzwischen den Apfel waschen und vierteln, das Kerngehäuse entfernen und die Viertel in Scheiben schneiden. Den Majoran abbrausen und trocken schütteln, die Blätter abzupfen und fein hacken. In einer Pfanne die Butter zerlassen, Zwiebel, Knoblauch, Pilze und Apfel darin etwa 5 Min. braten. Den Majoran dazugeben und mit Wein ablöschen, einkochen lassen und die übrige Sahne angießen. Aufkochen lassen, salzen und pfeffern. Die Salatpäckchen dazugeben und zugedeckt etwa 5 Min. schmoren. Die Rahmknödel aus dem Wasser heben und mit dem Schmorsalat anrichten.

Kartoffelgratin
mit Schwarzwurzeln

AUFWAND: ★★★★
ZUBEREITUNGSZEIT: ca. 25 Min.
GARZEIT: ca. 45 Min.
PRO PORTION: ca. 340 kcal

ZUTATEN FÜR 4 PERSONEN:
300 ml Milch
200 g Sahne
Salz | Pfeffer
frisch geriebene Muskatnuss
1 Knoblauchzehe
2 EL Butter
+ etwas Butter für die Form
600 g festkochende Kartoffeln
4 EL Weißweinessig
500 g Schwarzwurzeln

1. Den Backofen auf 200° (besser: 180° Umluft) vorheizen. Die Milch mit der Sahne mischen und mit Salz, Pfeffer und Muskatnuss so kräftig abschmecken, dass die Mischung leicht überwürzt wirkt. Den Knoblauch schälen, fein hacken und unter die Sahnemilch rühren. Eine Auflaufform (siehe Tipp) mit Butter einfetten. Die Kartoffeln schälen und in dünne Scheiben schneiden oder hobeln, in die Form schichten und die Sahnemilch darübergießen.

2. In einer großen Schüssel den Essig mit 1 l Wasser mischen. Die Schwarzwurzeln gründlich waschen, schälen (dabei am besten Einweghandschuhe tragen, weil der austretende Saft klebrig ist) und in das Essigwasser legen, damit sie sich nicht bräunlich verfärben. Dann schräg in dünne Scheiben schneiden oder hobeln und mit den Kartoffeln mischen.

3. Das Gemüse mit der Butter in Flöckchen belegen und im Ofen (Mitte) 40–45 Min. gratinieren. Zwischendurch mit einem Esslöffel etwas Garflüssigkeit über trockene Stellen gießen und die Kartoffeln und Schwarzwurzeln leicht in die Flüssigkeit drücken. Dazu passt Blattsalat.

Die beste Form

In einer Form aus Gusseisen halbiert sich die Garzeit des Gratins, denn man kann die Form mit dem Gemüse auf dem Herd erhitzen, bevor sie in den Ofen kommt – nur ein Grund, warum Koch-Profis auf dieses schwere Kochgeschirr schwören. In Gusseisenformen verteilt sich die Hitze zudem sehr gleichmäßig. Das ist besonders wichtig bei Gerichten, die lange und sanft gegart werden, etwa bei Schmorbraten und Ragouts sowie bei Enten und Poularden.

Perfekt gegart

Zum perfekten Spargelgenuss führen viele Wege: Aus der Profiküche kommt die Methode, die feinen Stangen im Elektro-Wasserbad ganz sanft in Vakuumbeuteln zu garen – denn der »König der Gemüse« ist ein zartes Gewächs.

Niedrigtemperaturgaren liegt voll im Trend, und sous-vide heißt das neue Zauberwort (siehe auch S. 11). Dabei garen Fleisch, Fisch und auch Spargel in Vakuumbeuteln im eigenen Saft, ohne dass ein einziges Aromamolekül verloren geht. Sterneköche könnten es nicht präziser garen. Im kontrollierten Wasserbad hat das Gargut immer genau die richtige Temperatur. Für den Haushalt gibt es seit Kurzem kleine Geräte in professioneller Qualität. Für den Anfang geht es aber auch ohne Spezialequipement, das einzige Gerät, auf das Sie nicht verzichten können, ist ein Thermometer mit einem Messbereich bis mindestens 100°. Auch das folgende Rezept funktioniert ohne Vakuumiergerät und Elektro-Wasserbad. Sie müssen dann einfach nur den Spargel in einen großen flachen Topf geben und mit kochendem Wasser gerade bedecken. Das Wasser mit Salz und Zucker würzen und eine Butterflocke auf den Spargel geben. Den Topf in den vorgeheizten Backofen (Mitte, 85° Umluft) stellen. Die Wassertemperatur im Topf sollte sich bald bei 85° stabilisieren (mit dem Thermometer prüfen). Wenn Sie ein Vakuumiergerät besitzen, bereiten Sie den Spargel wie im Rezept beschrieben vor (Step 2) und geben ihn in das ungewürzte Wasserbad im Backofen.

Bitterstoffe in der Schale

Spargelfreunde können mitunter eine im wahrsten Sinne des Wortes bittere Überraschung erleben. Denn wenn während des Wachsens die Witterung zu kühl oder der Boden zu trocken war, schmecken die Stangen leicht bitter. Mit einem Stückchen Butter, das Sie in den Vakuumbeutel geben, können Sie Abhilfe schaffen – es zieht die Bitterstoffe aus dem Gemüse.

85-Grad-Spargel

mit Kartoffeln und Sauce béarnaise (siehe Foto S. 137)

AUFWAND: ★★★☆
ZUBEREITUNGSZEIT: ca. 1 Std.
PRO PORTION: ca. 580 kcal

ZUTATEN FÜR 4 PERSONEN:

Für die Sauce:
1 Schalotte | 1 Tomate
ca. 12 schwarze Pfefferkörner
½ Bund Estragon
1 Bund Schnittlauch
3 EL Estragonessig
7 EL trockener Weißwein
100 g Butter | 3 Eigelb (M)
3 EL Crème fraîche
Salz | Cayennepfeffer

Für den Spargel:
1½ kg weißer Spargel
Salz | Zucker
50 g Butter

Außerdem:
1 kg neue Kartoffeln

1. Für die Sauce die Schalotte schälen und in Scheiben schneiden. Die Tomate waschen und in grobe Stücke schneiden, dabei den Stielansatz entfernen. Die Pfefferkörner im Mörser grob zerstoßen oder mit der Breitseite eines großen Messers zerdrücken. Den Estragon und den Schnittlauch abbrausen und trocken schütteln. Die Estragonblätter abzupfen und grob hacken, den Schnittlauch in Röllchen schneiden. Schalotte, Tomate, Pfeffer und Estragonstängel mit Essig, 4 EL Wein und 6 EL Wasser in einen kleinen Topf geben und auf ein Drittel einkochen lassen. Die Schalotten-Reduktion durch ein Sieb gießen und beiseitestellen (1).

2. Den Spargel schälen und die Enden abschneiden. Den Backofen auf 85° Umluft vorheizen und einen großen flachen Topf, der mit kochendem Wasser gefüllt ist, hineinstellen (siehe S. 136). Oder ein Sous-vide-Bad (Elektro-Wasserbad, siehe Tipp S. 194) auf 85° vorheizen. Die Spargelstangen flach in zwei oder drei Vakuumbeutel legen, mit Salz und 1 Prise Zucker würzen und jeweils etwas Butter daraufgeben. Die Beutel mit einem Vakuumiergerät luftdicht verschließen. Den Spargel im Wasserbad im Ofen oder im Sous-vide-Bad 30 Min. garen (2), eventuell mit einem Sieb oder einem Topfdeckel beschweren, sodass die Stangen ganz mit Wasser bedeckt sind.

3. Inzwischen die Kartoffeln unter fließendem Wasser gründlich abbürsten und in einem Topf mit Salzwasser in etwa 25 Min. weich kochen.

4. Für die Sauce in einem kleinen Topf die Butter langsam zerlassen. In einem größeren Topf wenig Wasser mit dem restlichen Wein zum Kochen bringen. In einer Metallschüssel 75 ml der Schalotten-Reduktion mit den Eigelben verquirlen und die Schüssel auf ein kochendes Wasserbad setzen. Die Sauce béarnaise mit dem Schneebesen (3) oder dem Handrührgerät dickschaumig aufschlagen (eher 1 Min. zu kurz als zu lang, da die Sauce gerinnen kann). Die Schüssel vom Wasserbad nehmen und unter ständigem Rühren die flüssige Butter und die Crème fraîche hinzufügen. Die Kräuter untermischen (4) und die Sauce mit Salz und Cayennepfeffer abschmecken. Den Spargel aus den Beuteln nehmen, mit den Kartoffeln und der Sauce anrichten.

1

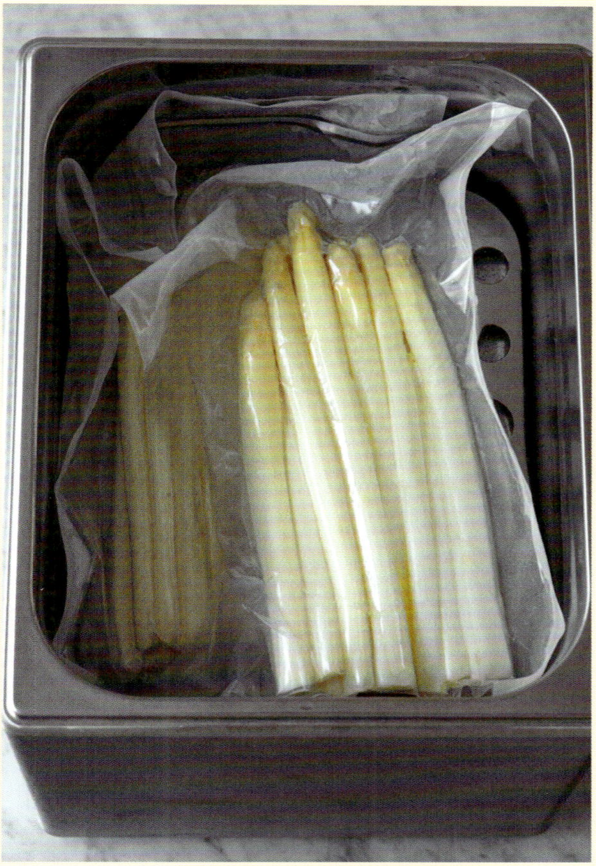

2

4

Chicoréepäckchen
mit Speck und Erbsenpüree

AUFWAND: ★★★★
ZUBEREITUNGSZEIT: ca. 1 Std.
PRO PORTION: ca. 375 kcal

ZUTATEN FÜR 4 PERSONEN:
Für den Chicorée:
4 Stauden Chicorée
8 Zweige Thymian
1 Bio-Orange
1 EL Orangenmarmelade
Salz | Pfeffer
16 Scheiben Frühstücksspeck (Bacon; ca. 150 g)
2 EL Rapsöl
Für das Erbsenpüree:
1 Zwiebel
1 große Kartoffel (ca. 150 g)
3 ½ EL Butter
Salz
500 g Erbsen (gepalt oder TK)
200 ml Gemüse- oder Rinderbrühe
5 Stängel Minze
Pfeffer

1. Für den Chicorée den Backofen auf 85° Umluft vorheizen und einen großen flachen Topf, der mit kochendem Wasser gefüllt ist, hineinstellen (siehe S. 136). Oder ein Sous-vide-Bad (Elektro-Wasserbad, siehe Tipp S. 194) auf 85° vorheizen. Den Chicorée putzen. Den Thymian abbrausen, trocken schütteln und die Blättchen abstreifen. Die Orange heiß waschen, abtrocknen und die Hälfte der Schale abreiben. Die Orangenmarmelade mit der Orangenschale und dem Thymian verrühren und mit wenig Salz und reichlich Pfeffer würzen.

2. Den Chicorée längs halbieren. Je 2 Speckscheiben leicht überlappend auslegen und je 1 Chicoréehälfte darin einwickeln (Spitzen und Enden dürfen herausschauen). Die Chicoréepäckchen in zwei Vakuumbeutel legen und die Orangen-Thymian-Mischung darauf verteilen. Die Beutel mit einem Vakuumiergerät luftdicht verschließen und den Chicorée im Wasserbad im Ofen oder im Sous-vide-Bad 25 Min. garen, eventuell mit einem Sieb oder einem Deckel beschweren, sodass er ganz mit Wasser bedeckt ist.

3. In der Zwischenzeit für das Erbsenpüree die Zwiebel und die Kartoffel schälen und in dünne Scheiben schneiden. In einem Topf 1 EL Butter zerlassen, die Zwiebel und die Kartoffel darin mit etwas Salz bei kleiner Hitze zugedeckt 4 Min. dünsten. Erbsen und Brühe hinzufügen und 10 Min. mitkochen lassen. Die Minze abbrausen und trocken schütteln, die Blätter abzupfen und mit 2 EL Butter zu den Erbsen geben. Alles mit dem Stabmixer pürieren und mit Salz und Pfeffer würzen. Das Püree warm halten.

4. Die Orange mit einem scharfen Messer so schälen, dass auch die weiße Haut entfernt wird, vierteln und quer in ½ cm dicke Scheiben schneiden. Die Vakuumbeutel aus dem Wasserbad nehmen und aufschneiden. Die Garflüssigkeit auffangen und die Chicoréepäckchen mit Küchenpapier trocken tupfen. Das Öl in einer Pfanne erhitzen und die Chicoréepäckchen darin in 3–4 Min. rundherum goldbraun braten. Herausnehmen und auf Teller verteilen. Die Orange in die Pfanne geben und kurz erhitzen. Die Garflüssigkeit und die übrige Butter dazugeben, mit Salz und Pfeffer würzen und über dem Chicorée verteilen. Das Erbsenpüree dazu servieren.

Grünkohl
mit knusprigem Schweinebauch

AUFWAND: ★★★★
ZUBEREITUNGSZEIT: insgesamt ca. 1 Std.
GARZEIT: ca. 5 Std.
RUHEZEIT: ca. 8 Std.
PRO PORTION: ca. 1010 kcal

ZUTATEN FÜR 4 PERSONEN:

Für den Schweinebauch:
250 g Schweineschmalz
2 Zweige Salbei
2 Bio-Zitronen
2 TL schwarze Pfefferkörner
1 TL Kümmelsamen
1,2 kg Schweinebauch (mit Schwarte)
1 EL Meersalz

Für den Grünkohl:
1 kg Grünkohl | Salz
3 Zwiebeln
2 EL zarte Haferflocken
Pfeffer | 1 TL Zucker
¼ l Rinder- oder Gemüsebrühe

Außerdem:
500 g vorwiegend festkochende Kartoffeln

1. Am Vortag für den Schweinebauch den Backofen auf 130° (besser: 120° Umluft) vorheizen. In einem Bräter das Schmalz zerlassen. Den Salbei abbrausen und trocken tupfen. Die Zitronen heiß waschen, abtrocknen und dünn schälen. Pfeffer und Kümmel im Mörser grob zerstoßen. Die Gewürze mit der Zitronenschale und dem Salbei in das Schmalz geben. Den Schweinebauch mit dem Meersalz einreiben, in das Schmalz legen und im Ofen (Mitte) in etwa 4 Std. gar ziehen lassen, dabei jede Stunde wenden.

2. Den Schweinebauch herausnehmen und auf eine tiefe Platte legen. Mithilfe eines Bretts das überschüssige Fett ausdrücken und in den Bräter gießen. Mit einem scharfen Messer ein feines Karomuster (etwa 1 cm breit) in die Schwarte schneiden. Den Schweinebauch mit einem Brett und einem Gewicht beschweren und 8 Std. – am besten über Nacht – in den Kühlschrank stellen. Das Gewürzschmalz aus dem Bräter durch ein Sieb gießen (4 EL davon für den Grünkohl und die Kartoffeln beiseitestellen, den Rest nach Belieben als Brotaufstrich im Kühlschrank aufbewahren).

3. Am Zubereitungstag den Grünkohl waschen und putzen, dicke Stiele entfernen. In einem großen Topf reichlich Salzwasser erhitzen. Den Grünkohl darin 2 Min. kochen, in ein Sieb abgießen, kalt abschrecken, abtropfen lassen und in Streifen schneiden. In einem Topf 2 EL Gewürzschmalz erhitzen. Die Zwiebeln schälen, in feine Würfel schneiden und mit den Haferflocken im Schmalz 5 Min. dünsten. Den Grünkohl dazugeben und mit Salz, Pfeffer und Zucker würzen. Die Brühe angießen und den Kohl zugedeckt bei kleiner Hitze etwa 1 Std. garen.

4. Den Backofen auf 275° (besser: 250° Umluft mit Grill) vorheizen. Die Kartoffeln schälen und in 1 cm große Würfel schneiden. In einer beschichteten Pfanne 2 EL Gewürzschmalz erhitzen und die Kartoffeln darin halb zugedeckt in 10–12 Min. goldbraun braten. Dabei gelegentlich umrühren, mit Salz und Pfeffer würzen. Den Schweinebauch in 4 cm große Würfel schneiden. Die Fleischstücke mit der Schwarte nach oben in eine ofenfeste Form setzen und im Ofen (oben) in 6–8 Min. knusprig braten. Den Grünkohl mit den Schweinebauch- und Kartoffelwürfeln auf Teller verteilen.

Wurzel-Frittata

mit Kräutersalat und Meerrettichcreme

AUFWAND: ★★★★
ZUBEREITUNGSZEIT: ca. 45 Min.
GARZEIT: ca. 40 Min.
PRO PORTION: ca. 605 kcal

ZUTATEN FÜR 4 PERSONEN:
600 g Wurzelgemüse (z. B. Rote Bete, Petersilienwurzel oder Pastinake, Möhre, Schwarzer Rettich)
2 Knoblauchzehen
3 Zweige Salbei
1 EL Butterschmalz
½ TL Kreuzkümmelsamen
Salz | Pfeffer
¼ l Bier
100 g Raclettekäse (oder Bergkäse)
6 EL Milch | 6 Eier (M)
frisch geriebene Muskatnuss
1 TL Butter
100 g Naturjoghurt
150 g Crème fraîche
2–3 EL frisch geriebener Meerrettich
2 Bund gemischte Kräuter (z. B. Sauerampfer, Dill, Petersilie, Kerbel, Borretsch)
2 rote Zwiebeln
1–2 EL Weißweinessig
3 EL Olivenöl

1. Den Backofen auf 220° (besser: 200° Umluft) vorheizen und eine ofenfeste Pfanne darin erhitzen. Das Wurzelgemüse schälen und in 2 cm große Würfel schneiden. Den Knoblauch schälen und in Scheiben schneiden. Den Salbei abbrausen, trocken schütteln und die Blätter abzupfen. Das Butterschmalz mit den vorbereiteten Zutaten in die heiße Pfanne geben und im Ofen (Mitte) 5 Min. braten. Das Gemüse mit Kreuzkümmel, Salz und Pfeffer würzen und mit einem Drittel des Biers ablöschen. Den Vorgang zweimal nach jeweils 10 Min. wiederholen, dabei jedes Mal umrühren (nach 35–40 Min. Schmorzeit ist das Gemüse gar).

2. Den Käse grob reiben, die Hälfte des Käses in einer Schüssel mit der Milch und den Eiern verquirlen. Die Käse-Eier-Milch mit Salz, Pfeffer und Muskatnuss würzen. Das Gemüse aus dem Ofen nehmen und die Butter untermischen. Die Käse-Eier-Milch dazugießen und den restlichen Käse darüberstreuen. Die Frittata im Ofen (Mitte) in 12–14 Min. goldbraun backen.

3. In der Zwischenzeit den Joghurt mit der Crème fraîche und dem Meerrettich verrühren und mit Salz und Pfeffer würzen. Die Kräuter abbrausen und trocken schütteln, die Blätter bzw. Spitzen abzupfen. Die Zwiebeln schälen, vierteln und in feine Scheiben schneiden. Den Essig und das Olivenöl mit Salz und Pfeffer zu einer Vinaigrette verrühren. Die Kräuter und die Zwiebeln in eine Schüssel geben und mit der Vinaigrette mischen.

4. Die Wurzel-Frittata aus dem Ofen nehmen, mit einem Pfannenwender vierteln und die Stücke auf Teller gleiten lassen. Den Kräutersalat darauf anrichten und die Meerrettichcreme dazu reichen.

Melanzane
alla Parmigiana

AUFWAND: ★★★★
ZUBEREITUNGSZEIT: ca. 45 Min.
RUHE- UND GARZEIT: ca. 2 ½ Std.
PRO PORTION: ca. 435 kcal

ZUTATEN FÜR 4 PERSONEN:
1 kg Auberginen (vorzugsweise hellviolette aus Sizilien)
Salz
4 Knoblauchzehen
1–2 Chilischote(n)
6 EL Olivenöl
1 kg Tomaten (oder aus der Dose)
Pfeffer
150 g Provolone
50 g Pecorino
1 Bund Basilikum
50 g altbackenes Weißbrot

Aus Sizilien

Der Name des Gerichts kommt nicht etwa daher, dass die Auberginen mit geriebenem Parmesan oder Parmaschinken überbacken werden. Parmigiana erinnert vielmehr an das sizilianische Wort »parmiciana«, das die Holzlamellen von Fensterläden bezeichnet, die aussehen, als seien sie übereinandergeschichtet – wie der Auberginenauflauf. Diese Version ist übrigens deutlich leichter als das sizilianische Original, für das die Auberginen vorher in reichlich Öl gebraten werden.

1. Die Auberginen putzen, waschen und längs in knapp 1 cm dicke Scheiben schneiden. Die Scheiben großzügig salzen und 2 Std. Wasser ziehen lassen.

2. In der Zwischenzeit den Knoblauch schälen und fein hacken. Die Chilischote(n) halbieren, Stiel, Trennwände und nach Belieben Kerne entfernen, die Hälften waschen und fein hacken. In einem Topf 2–3 EL Olivenöl erhitzen, Knoblauch und Chili darin 5 Min. dünsten. Die Tomaten waschen und grob hacken, dabei die Stielansätze entfernen. Die Tomaten in den Topf geben, mit Salz und Pfeffer würzen und bei mittlerer Hitze unter gelegentlichem Rühren etwa 1 Std. dick einkochen lassen.

3. Die Auberginen abbrausen und trocken tupfen. Den Backofen auf 260° (besser: 240° Umluft mit Grill) vorheizen. Die Auberginenscheiben auf das Ofengitter legen und im Ofen (oben) 10–12 Min. grillen.

4. Den Provolone in dünne Scheiben schneiden und den Pecorino fein reiben. Das Basilikum abbrausen, trocken schütteln und die Blätter abzupfen. Das Brot im Blitzhacker grob zerkleinern und mit dem restlichen Olivenöl mischen. Die Auberginen herausnehmen und die Backofentemperatur auf 200° (besser: 180° Umluft) reduzieren. Etwas Tomatensauce in eine Auflaufform füllen und mit Auberginenscheiben bedecken, etwas Provolone und Pecorino und einige Basilikumblätter darauf verteilen. Den Vorgang zwei- oder dreimal wiederholen und mit wenig Tomatensauce abschließen. Die Brotmasse auf dem Gemüse verteilen. Die Melanzane im Ofen (Mitte) in etwa 20 Min. goldbraun backen.

Fleisch und Fisch

Die Kruste macht's

»Schwein haben« bedeutet im Volksmund, Glück zu haben. Schwein hat im doppelten Sinne deshalb derjenige, der einen Schweinebraten mit besonders knuspriger Kruste serviert bekommt. Bei einem perfekten Schweinebraten ist die Kruste das A und O.

Nicht nur in Bayern schwört man auf die resche Kruste. Dafür braucht der Braten anfangs feuchte Hitze, damit möglichst viel Fett aus der Schwarte brät und das Fleisch langsam zart und saftig gart. Erst gegen Ende sorgt starke trockene Hitze dafür, dass die Schwarte knusprig wird und viele Blasen wirft. Wenn man den Braten wie im folgenden Rezept zubereitet, kracht die Schwarte garantiert sehr schön. Sie können die Backofentemperatur zuerst sogar noch weiter reduzieren als angegeben, dadurch verlängert sich jedoch die Garzeit. Sie würden den Braten dann im Prinzip so zubereiten wie früher in einem Herd, der mit Holz beheizt wurde. Hier entwickelte sich die Hitze ideal: Sobald der Braten in das kleine Backrohr kam, sank die Temperatur darin so stark ab, dass das Fleisch in den ersten Stunden sanft gegart wurde (um 120°). Erst nach 3–4 Stunden öffnete man die Ofenklappe einen Spaltbreit, damit die Feuchtigkeit abziehen konnte und die gusseiserne Herdplatte den Braten von oben knusprig grillte. Ebenfalls altbewährt ist die Methode, die eingeritzte Schwarte des gedämpften Bratens dick mit Gewürzschmalz einzustreichen. Dadurch kann das Fleisch beim weiteren Garen die Aromen von Kümmel, Koriander und Co. besonders gut aufnehmen.

Salz macht knusprig

Wenn man einen Schweinebraten kräftig salzt, dient das nicht nur dem Geschmack. Salz bindet Wasser und macht die Kruste deshalb besonders knusprig. Das Phänomen kennt man auch von Laugenbrezeln: Wer sie resch mag, sollte zu Brezeln greifen, die sehr kräftig gesalzen sind – das überschüssige grobe Salz lässt sich leicht abstreifen.

Schweinebraten
mit knuspriger Kruste in Biersauce (siehe Foto S. 151)

AUFWAND: ★★★☆
ZUBEREITUNGSZEIT: ca. 50 Min.
GARZEIT: ca. 2 Std. 45 Min.
PRO PORTION: ca. 765 kcal
(bei 6 Personen)

ZUTATEN FÜR 4–6 PERSONEN:
1½ kg Schweineschulter (mit Schwarte)
Salz
2 TL Kümmelsamen
½ TL Korianderkörner
½ TL Senfkörner
½ TL getrockneter Majoran
2 EL zimmerwarmes Schweineschmalz
4 Zwiebeln
4 Knoblauchzehen
2 Äpfel
ca. 500 g Spareribs (Schweinerippchen)
300 ml Bier

1. Den Backofen auf 220° (200° Umluft) vorheizen. In einem Bräter 200 ml Wasser zum Kochen bringen. Das Bratenstück mit der Schwarte nach unten hineinlegen und im Ofen (Mitte) offen 20 Min. vorgaren. In einem Topf 100 ml Wasser mit 2 EL Salz aufkochen und abkühlen lassen.

2. Den Kümmel mit Koriander, Senfkörnern, Majoran und 1 TL Salz im Mörser zerstoßen und unter das Schweineschmalz mischen. Die Zwiebeln schälen, halbieren und in grobe Spalten schneiden. Den Knoblauch schälen und mit der Breitseite eines großen Messers leicht andrücken. Die Äpfel waschen (nach Belieben schälen) und vierteln, die Kerngehäuse entfernen und die Viertel in Spalten schneiden. Die Spareribs waschen, trocken tupfen und in die einzelnen Rippchen schneiden.

3. Den Braten aus dem Backofen nehmen. Die Ofentemperatur auf 190° (170° Umluft) reduzieren. Mit einem scharfen Messer ein kleines Karomuster in die Schwarte schneiden (1), dabei darauf achten, dass das Fleisch nicht verletzt wird. Äpfel, Zwiebeln und Spareribs im Bräter verteilen. Das Fleisch mit der Schwarte nach oben darauflegen und dick mit dem Gewürzschmalz einstreichen (2). Den Braten im Ofen (Mitte) 2 Std. garen, dabei ab und zu mit wenig Bier und mit dem austretenden Bratenfett begießen – es sollte immer etwas Flüssigkeit im Bräter stehen.

4. Die Ofentemperatur auf 240° (220° Umluft) erhöhen. Den Braten auf ein Backblech legen und mit dem kalten Salzwasser bestreichen. Weitere 10–15 Min. garen, bis die Kruste knusprig ist und braune Blasen wirft (3), dabei noch zwei- oder dreimal mit dem Salzwasser bestreichen. Den Braten aus dem Ofen nehmen und 10 Min. ruhen lassen.

5. Den Bratensatz im Bräter mit dem restlichen Bier ablöschen, ¼ l Wasser dazugeben und 10 Min. kochen lassen. Die Sauce durch ein Sieb gießen – nach Belieben stattdessen auch nur die Spareribs herausfischen – und mit Salz abschmecken (4). Den Braten aufschneiden und mit der Sauce servieren. Dazu passen Kartoffel- oder Rahmknödel (siehe S. 132).

1

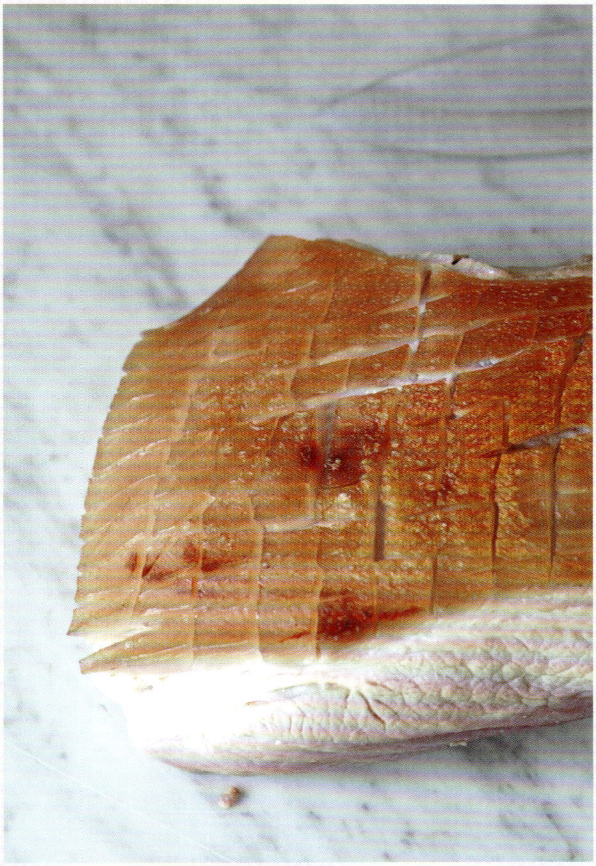

2

3

4

Kohlrouladen
mit Hackfleisch-Hähnchen-Füllung

AUFWAND: ★★★★
ZUBEREITUNGSZEIT: ca. 1 Std.
GARZEIT: ca. 40 Min.
PRO PORTION: ca. 725 kcal

ZUTATEN FÜR 4 PERSONEN:
Salz
1 kleiner Spitzkohl (ca. 1 kg)
4 Hähnchenkeulen (je ca. 250 g)
1 EL Rapsöl
4 Knoblauchzehen
200 g Hackfleisch (vom Schwein)
1 Bund Petersilie
8 getrocknete Pflaumen (entsteint; siehe S. 230)
Pfeffer
2 Zwiebeln
125 ml Weißwein
4 EL passierte Tomaten (aus dem Tetrapak)
½ TL getrockneter Majoran

1. In einem großen Topf reichlich Salzwasser zum Kochen bringen. Den Spitzkohl putzen und den Strunk auf eine Gabel oder eine Fleischgabel spießen. Den Kohlkopf kurz in das kochende Wasser tauchen, herausnehmen und vorsichtig die äußeren Blätter ablösen. Den Vorgang mehrmals wiederholen, bis 10–12 Kohlbätter abgelöst sind. Die Kohlblätter auf ein Küchentuch legen und trocken tupfen, die dicken Mittelrippen flach schneiden. Den restlichen Kohl achteln und dabei den Strunk entfernen, die Kohlstücke in Streifen schneiden.

2. Die Hähnchenkeulen waschen und trocken tupfen. Die Haut der Keulen abziehen und in breite Streifen schneiden. Das Öl in einem Topf erhitzen und die Hähnchenhaut darin auslassen. Die Haut herausnehmen und das Hähnchenfett beiseitestellen. Das Hähnchenfleisch zuerst von den Knochen und dann in kleine Würfel schneiden. Den Knoblauch schälen und in dünne Scheiben schneiden. In einer Pfanne 2 EL Hähnchenfett erhitzen und das Hackfleisch mit den Kohlstreifen und dem Knoblauch darin in 3–4 Min. goldbraun braten. Die Petersilie abbrausen und trocken schütteln, die Blätter abzupfen und hacken. Die Pflaumen ebenfalls hacken, mit der Petersilie unter die Hackfleisch-Kraut-Mischung rühren und 1 Min. ziehen lassen. Die Mischung in eine Schüssel geben und abkühlen lassen. Dann das Hähnchenfleisch untermischen und die Füllung mit Salz und Pfeffer würzen.

3. Die Füllung auf den Kohlblättern verteilen. Die Seiten jeweils etwa 3 cm einschlagen und die Blätter straff aufrollen. Die Enden mit kleinen Holzspießen fixieren. Die Zwiebeln schälen, halbieren und in Scheiben schneiden. Das restliche Hähnchenfett in einer Pfanne erhitzen und die Rouladen darin rundherum anbraten. Die Zwiebeln 2 Min. mitbraten. Mit etwas Wein ablöschen, die passierten Tomaten und den Majoran dazugeben. Die Kohlrouladen zugedeckt etwa 40 Min. schmoren, dabei immer wieder wenig Wein dazugeben (so entsteht nach und nach eine glänzende Sauce, siehe S. 122). Wenn der Wein verbraucht ist, in Abständen etwas heißes Wasser hinzufügen (insgesamt etwa 400 ml). Die Kohlrouladen mit der Sauce auf Teller verteilen. Dazu passt Kartoffelpüree (siehe Tipp).

Sahniges Kartoffelpüree

Unübertroffen gut schmeckt zu Kohlrouladen Kartoffelpüree. Dafür 500 g mehligkochende Kartoffeln schälen und in Salzwasser in ca. 25 Min. weich kochen. Die Kartoffeln abgießen und durch die Kartoffelpresse drücken. 175 g Sahne aufkochen lassen und die Kartoffeln unterrühren. Das Püree mit Salz, Pfeffer und frisch geriebener Muskatnuss würzen. Für noch mehr Aroma mischen Sie zusätzlich ein paar Butterflöckchen unter das Püree.

Schweinebraten
mit Bratkartoffeln und Fenchelgemüse

AUFWAND: ★★★★
ZUBEREITUNGSZEIT: insgesamt ca. 1 Std.
MARINIERZEIT: 2 Tage
GARZEIT: ca. 1½ Std.
PRO PORTION: ca. 605 kcal (bei 6 Personen)

ZUTATEN FÜR 4–6 PERSONEN:
3 grüne Kardamomkapseln
je ½ TL Koriander- und schwarze Pfefferkörner
1,2 kg Schweinehalsgrat
375 ml Dessertwein (z. B. Beerenauslese)
250 g Schalotten | 2 Knollen Fenchel
Salz | Pfeffer
3 EL Sonnenblumenöl
500 g kleine Kartoffeln (z. B. Drillinge)
1 Knoblauchzehe
5 Zweige Thymian
1 EL Butterschmalz
1 Bund Dill

Halsgrat rustikal

Probieren Sie als Abwechslung zur feinen Dessertweinmarinade auch mal die bodenständige Variante aus 375 ml trockenem Weißwein (z. B. Riesling) mit 1 TL gehackten Kümmelsamen, 5 Knoblauchzehen in dünnen Scheiben und 1–2 zerbröselten Chilischoten. Zu dem Braten passt dann – statt Fenchel und Schalotten – eine klassische Suppengemüsemischung aus Zwiebeln, Möhren, Lauch und Knollensellerie. Die Zubereitung ändert sich dabei nicht.

1. Für die Marinade 2 Tage vorher die Kardamomkapseln mit den Koriander- und Pfefferkörnern im Mörser zerstoßen. Das Fleisch in eine hohe Schüssel legen. Die Gewürze und den Dessertwein darübergeben, die Schüssel mit Klarsichtfolie verschließen und das Fleisch 2 Tage im Kühlschrank marinieren, dabei nach 1 Tag wenden.

2. Am Zubereitungstag einen Bräter in den Backofen stellen (Mitte). Den Backofen auf 180° (160° Umluft) vorheizen. Die Schalotten schälen und in dicke Scheiben schneiden. Den Fenchel putzen, waschen, vierteln und in schmale Streifen schneiden. Das Fleisch aus der Marinade nehmen, trocken tupfen und kräftig mit Salz und Pfeffer würzen. Die Marinade in einem Topf aufkochen lassen und durch ein feines Sieb gießen.

3. Das Öl in den Bräter im Backofen geben und das Fleisch darin etwa 15 Min. rundherum anbraten. Die Schalotten und den Fenchel dazugeben, hellbraun anbraten und mit etwas Marinade ablöschen. Den Braten im Ofen zugedeckt 90 Min. garen, dabei immer wieder mit etwas Marinade oder, wenn diese aufgebraucht ist, mit heißem Wasser begießen.

4. In der Zwischenzeit die Kartoffeln unter fließendem Wasser gründlich abbürsten und in einem Topf mit Salzwasser in 15–20 Min. bissfest kochen. Dann in ein Sieb abgießen und auskühlen lassen.

5. Den Knoblauch schälen und fein hacken. Den Thymian abbrausen und trocken schütteln, die Blättchen von den Zweigen streifen. Die Kartoffeln samt Schale in ½ cm dicke Scheiben schneiden. 10 Min. bevor der Braten gar ist, das Butterschmalz in einer Pfanne erhitzen und die Kartoffelscheiben darin goldbraun braten. Den Knoblauch und den Thymian untermischen und mit Salz und Pfeffer würzen.

6. Den Braten aus dem Ofen nehmen und 5 Min. ruhen lassen. Den Dill abbrausen und trocken schütteln, die Spitzen abzupfen, fein hacken und unter das Gemüse mischen. Den Braten in Scheiben schneiden, nach Belieben leicht salzen und mit Fenchelgemüse und Bratkartoffeln servieren.

Saftige, zarte Spareribs

Die Amerikaner haben uns vorgemacht, dass Rippchen mehr sein können als eine gute Saucenbasis. Mittlerweile sind sie auch hierzulande der Renner in der Grillsaison. Das Erfolgsgeheimnis für Spareribs ist eine niedrige Gartemperatur.

Spareribs werden in Europa normalerweise aus den Bauchrippen des Schweins geschnitten. Amerikanische BBQ-Freunde schätzen allerdings ein anderes Rippenstück noch mehr: die Kotelettrippen. Diese sogenannten »Baby back ribs« sind besonders fleischig, und ihr Fleisch ist marmoriert. Bei den bei uns üblichen Bauchrippen dagegen liegt das Fett eher als Schicht auf. Häufig bieten Metzger den vorderen Teil des Rückens als Kotelett an, deshalb steht er für Spareribs nicht zur Verfügung. Wird der Rücken aber ausgelöst, bleiben die Rippen unter dem Kotelettstück übrig – fragen Sie danach. Meiner Erfahrung nach erfüllen gute Metzger gerne Sonderwünsche. Von perfekt zubereiteten Spareribs schwärmt jeder USA-Urlauber. Im Heimatland der Rippchen werden Spareribs im »BBQ Smoker« bei niedriger Temperatur stundenlang gegart. Doch auch im Backofen mit Grillfunktion gelingen Spareribs wunderbar saftig und aromatisch, wie das folgende Rezept zeigt. Kotelettrippen gibt es übrigens auch vom Kalb – Köche verwenden sie vor allem, um aromatische Fleischsaucen wie Kalbsglace daraus zu kochen. Auf dem Grill machen sie sich aber auch sehr gut. Sie schmecken milder und sind auch etwas schneller gar als Rippchen vom Schwein.

Grillen bei Niedrigtemperatur

Wer einen Gartengrill besitzt, dessen Temperatur man gut steuern kann, muss die Rippchen vorab nicht im Ofen garen (siehe S. 160). Wichtig beim Grillen: Die Marinade gut abtropfen lassen und die Rippchen auf dem Gitterrost neben der Glut indirekt grillen – so kann kein Öl in die Glut tropfen. Das Fleisch dabei ab und zu mit Marinade bestreichen.

Spareribs
mit homemade BBQ-Sauce (siehe Foto S. 159)

AUFWAND: ★★★★
ZUBEREITUNGSZEIT: ca. 1 Std.
MARINIERZEIT: ca. 2 Tage
GARZEIT: ca. 3 Std.
PRO PORTION: ca. 1180 kcal

ZUTATEN FÜR 4 PERSONEN:

Für die Spareribs:
2 Bio-Orangen
4 Chilischoten
1 Stück Ingwer (ca. 4 cm)
10 Pimentkörner
3 Lorbeerblätter
400 ml Rapsöl
ca. 2 kg Spareribs (Schweinerippchen)
Salz

Für die BBQ-Sauce (¾ l):
2 milde Peperoni
1–3 Chilischoten (nach Belieben)
1 Zwiebel
2 Knoblauchzehen
1 Stück Knollensellerie (ca. 50 g)
2 EL Sonnenblumenöl
ca. 175 ml Orangensaft (von den 2 Orangen für die Marinade der Spareribs)
75 g getrocknete Pflaumen (entsteint; siehe S. 230)
2 EL brauner Zucker
6 cl Whiskey
75 ml Worcestershire-Sauce
200 g passierte Tomaten (aus dem Tetrapak)
4 EL Sojasauce
50 g Tamarindenpüree (aus dem Asienladen)
100 g Apfelmus
1 EL getrocknete Kräuter der Provence
1 TL Rauchsalz

1. Am Vortag (oder 2 Tage vorher) für die Spareribs die Orangen heiß waschen, abtrocknen und mit dem Sparschäler dünn schälen. Die Orangen für die BBQ-Sauce beiseitelegen. Die Chilischoten längs halbieren, entkernen, waschen und in dünne Streifen schneiden. Den Ingwer schälen und in dünne Scheiben schneiden. Die Pimentkörner im Mörser andrücken. Orangenschalen, Chilis, Ingwer, Piment und Lorbeerblätter mit dem Öl mischen. Die Spareribs waschen und trocken tupfen, rundherum salzen und mit dem Gewürzöl in einen Gefrierbeutel geben. Den Beutel verschließen (1) und die Spareribs im Kühlschrank 1–2 Tage marinieren.

2. Am Zubereitungstag ein tiefes, mit Backpapier ausgelegtes Backblech in den Ofen (Mitte) geben. Den Backofen auf 120° (besser: 100° Umluft) vorheizen. Die Spareribs mit der Fleischseite nach unten auf das heiße Blech legen und 3 Std. garen, dabei öfter mit dem Gewürzöl bestreichen (2).

3. In der Zwischenzeit für die BBQ-Sauce Peperoni und nach Belieben Chilischoten halbieren, waschen und in Streifen schneiden. Die Zwiebel und den Knoblauch schälen und grob zerkleinern. Den Sellerie schälen und in kleine Würfel schneiden. Das Öl in einem Topf erhitzen und die vorbereiteten Zutaten darin 5 Min. dünsten. Den Saft der Orangen auspressen und 175 ml Saft abmessen. Die Pflaumen in kleine Stücke schneiden. Den Zucker zum Sellerie geben und karamellisieren lassen. Mit dem Whiskey ablöschen und die Flüssigkeit vollständig einkochen lassen. Den Orangensaft mit Pflaumen, Worcestershire-Sauce, passierten Tomaten, Sojasauce, Tamarindenpüree, Apfelmus, Kräutern der Provence und Rauchsalz zum Sellerie geben. Alles bei kleiner Hitze 20–25 Min. einkochen lassen, dabei gelegentlich umrühren. Die Mischung in einen hohen Rührbecher geben und mit dem Stabmixer zu einer feinen Sauce pürieren.

4. Die Spareribs aus dem Ofen nehmen und abtropfen lassen. Den Backofengrill einschalten (die Spareribs schmecken jetzt schon sehr gut, aber nach ein paar Minuten unter dem Grill oder auf dem Holzkohlegrill noch besser) und die Spareribs unter dem sehr heißen Grill auf beiden Seiten in jeweils 2–3 Min. braun grillen. Dünn mit der BBQ-Sauce bestreichen (3), unter dem Grill kurz glasieren und mit der restlichen BBQ-Sauce servieren.

1

2

Rinderrouladen
mit gebratenen Rosenkohlblättern

AUFWAND: ★★★★
ZUBEREITUNGSZEIT: ca. 1 Std.
GARZEIT: ca. 1½ Std.
PRO PORTION: ca. 525 kcal

ZUTATEN FÜR 4 PERSONEN:
Für die Rouladen:
50 g altbackenes Weißbrot
50 g Räucherspeck
2 rote Zwiebeln
1 Bund Petersilie
2–3 EL Butter
4 Gewürzgurken
4 dünne Scheiben Rindfleisch (je ca. 150 g; aus der Keule)
2 TL Dijonsenf
Salz | Pfeffer
1 EL Mehl
1 EL Butterschmalz (oder Butter)
1–2 TL Orangenmarmelade
2 EL Aceto balsamico
150 ml Rotwein
1 Lorbeerblatt
Für den Rosenkohl:
400 g Rosenkohl
3 Schalotten
1 EL Butterschmalz (oder Butter)
Salz | Pfeffer
gemahlener Piment

1. Für die Rouladen das Weißbrot im Blitzhacker grob zerkleinern. Den Speck in feine Streifen schneiden und in einer Pfanne bei mittlerer Hitze goldbraun und knusprig braten. Den Speck aus der Pfanne nehmen und in eine Schüssel geben. Die Brotbrösel im ausgelassenen Fett goldbraun braten, zu den Speckwürfeln geben und beiseitestellen. Die Zwiebeln schälen und in feine Würfel schneiden. Die Petersilie abbrausen und trocken schütteln, die Blätter abzupfen und hacken. In einer Pfanne 1–2 EL Butter zerlassen und die Zwiebeln darin glasig dünsten. Die Petersilie dazugeben und 1 Min. mitdünsten. Die Pfanne vom Herd nehmen und die Zwiebelmischung mit den Speckbröseln mischen. Die Gewürzgurken längs vierteln.

2. Die Rindfleischscheiben mit dem Plattiereisen gleichmäßig flach klopfen, mit dem Senf bestreichen und mit Salz und Pfeffer würzen. Die Zwiebel-Speck-Mischung auf den Fleischscheiben verteilen und quer mit den Gewürzgurken belegen. Die Längsseiten etwas nach innen einschlagen und die Fleischscheiben von einer Schmalseite aus aufrollen. Die Enden mit Rouladennadeln feststecken und die Rollen mit wenig Mehl bestäuben. In einer Pfanne das Butterschmalz erhitzen und die Rouladen darin rundherum anbraten. Die Orangenmarmelade dazugeben, mit dem Essig und etwas Wein ablöschen und die Flüssigkeit einkochen lassen. Den Vorgang wiederholen, bis der Wein aufgebraucht ist. Dann 400 ml kaltes Wasser angießen, das Lorbeerblatt dazugeben und die Rouladen zugedeckt bei kleiner Hitze etwa 1½ Std. schmoren, dabei ab und zu vorsichtig wenden. Gegen Ende der Garzeit die Sauce mit Salz und Pfeffer würzen.

3. Den Rosenkohl putzen, dabei den Strunk jeweils großzügig abschneiden und mit einem kleinen Messer die einzelnen Blätter ablösen. Die Schalotten schälen und in nicht zu feine Würfel schneiden. Das Butterschmalz im Wok oder einer großen beschichteten Pfanne erhitzen. Die Rosenkohlblätter und die Schalotten darin bei großer Hitze unter Rühren 3–4 Min. braten. Mit Salz, Pfeffer und 1 Prise Piment würzen. Die Rinderrouladen mit der Sauce und den Rosenkohlblättern auf Tellern anrichten. Dazu passen Salzkartoffeln oder Kartoffelpüree (siehe S. 154).

Pochiertes Rinderfilet

mit Reisbandnudeln und grünem Spargel

AUFWAND: ★★★★
ZUBEREITUNGSZEIT: ca. 1 Std.
PRO PORTION: ca. 430 kcal

ZUTATEN FÜR 4 PERSONEN:
150 g Reisbandnudeln (aus dem Asienladen)
½ l Rinderbrühe
500 g Rinderfilet
250 g grüner Spargel
100 g Sojasprossen
2–3 Tomaten
Salz | Pfeffer
2 EL Estragonessig (oder Weißweinessig)
2 EL Olivenöl
½ Bund Thai-Basilikum (oder Koriander)
Chilisauce (nach Belieben)

Fein mit Passepierres

Wenn es im Sommer keinen einheimischen grünen Spargel mehr gibt, können Sie das Rinderfilet auch mal mit Passepierres zubereiten. Passepierres, auch Salicornes oder Queller genannt, sind blattlose Pflanzen mit fleischigen Gliedern. Sie werden meist in Fischgeschäften angeboten. Das Gemüse mit dem salzigen Aroma wächst in Meeresnähe und ist einfach zuzubereiten. Die gewaschenen Passepierres in mundgerechte Stücke zupfen, dabei dicke Stiele entfernen, und mit den Sprossen und Tomaten nur kurz in der Brühe garen.

1. Die Reisbandnudeln in kaltem Wasser einweichen. Den Backofen auf 75° (besser: 65° Umluft) vorheizen. Die Brühe in einem großen ofenfesten Topf zum Kochen bringen. Das Filet in 8 Scheiben schneiden, in die Brühe geben und zugedeckt im Ofen 45 Min. pochieren.

2. In der Zwischenzeit den Spargel waschen, die Stielenden abbrechen und entfernen. Die Spargelstangen schräg in mundgerechte Stücke schneiden. Die Sojasprossen verlesen, abbrausen und in einem Sieb abtropfen lassen. Die Tomaten kreuzweise einritzen und 10–30 Sek. (je nach Reife) in kochendes Wasser legen, kalt abschrecken und die Haut abziehen. Die Tomaten halbieren, entkernen und in Würfel schneiden, dabei die Stielansätze entfernen.

3. In einem Topf reichlich Wasser zum Kochen bringen. Die Reisnudeln abgießen und im kochenden Wasser nach Packungsanweisung garen. Dann in ein Sieb abgießen und abtropfen lassen. Die Fleischstücke aus der Brühe nehmen und auf einen Teller legen. Die Brühe auf dem Herd zum Kochen bringen und den Spargel darin 4–6 Min. kochen. Dann die Sprossen und die Tomaten dazugeben. Den Topf vom Herd nehmen und das Gemüse mit Salz, Pfeffer, Essig und Olivenöl kräftig würzen.

4. Das Thai-Basilikum abbrausen, trocken schütteln und die Blätter abzupfen. Die Nudeln in ein Sieb abgießen, gut abtropfen lassen und auf Schälchen verteilen. Das Gemüse und je 2 Scheiben Rinderfilet daraufgeben. Mit Salz und Pfeffer bestreuen und die heiße Brühe darüber verteilen. Das Basilikum über das Fleisch streuen und nach Belieben etwas Chilisauce darüberträufeln.

Sauerbraten
nach rheinischer Art

AUFWAND: ★★★★
ZUBEREITUNGSZEIT: insgesamt ca. 45 Min.
MARINIERZEIT: 6 Tage
GARZEIT: ca. 3 Std.
PRO PORTION: ca. 605 kcal (bei 6 Personen)

ZUTATEN FÜR 4–6 PERSONEN:
2 Zwiebeln
1 Möhre
100 g Knollensellerie
3 Knoblauchzehen
3–4 Zweige Thymian
3/4 l Weißwein (vorzugsweise dt. Riesling)
1/4 l Weißweinessig
2 Lorbeerblätter
1 TL schwarze Pfefferkörner
5 Pimentkörner
2 Gewürznelken
1,2 kg Rindfleisch (aus der Nuss oder Schulter)
100 g Räucherspeck
Salz
2 EL Mehl
1 kleine Kartoffel (ca. 100 g)
60 g Rosinen
Pfeffer
2–3 EL Schwarzes Johannisbeergelee (oder Rübensirup)

1. Etwa 6 Tage vorher für die Marinade Zwiebeln, Möhre und Sellerie schälen und in 2 cm große Würfel schneiden. Den Knoblauch schälen und mit der Breitseite eines großen Messers etwas andrücken. Den Thymian abbrausen und trocken schütteln. Den Wein mit dem Essig, dem Gemüse, dem Thymian und den Gewürzen in einen Topf geben und aufkochen lassen. Den Topf vom Herd nehmen und die Marinade abkühlen lassen. Das Fleisch in eine nicht zu große Schüssel geben und mit der Marinade vollständig (!) bedecken. Die Schüssel mit Klarsichtfolie verschließen und das Fleisch im Kühlschrank etwa 6 Tage marinieren.

2. Am Zubereitungstag das Fleisch und das Gemüse in ein Sieb gießen, dabei die Marinade in einem Topf auffangen und die Gewürze entfernen. Die Marinade aufkochen lassen und den aufsteigenden Schaum entfernen. Den Speck in feine Streifen schneiden und in einer kleinen Pfanne bei mittlerer Hitze knusprig braten. Den Speck in ein Sieb gießen, dabei das Fett in einem großen Schmortopf auffangen. Die knusprigen Speckstreifen beiseitelegen.

3. Das Fett in dem Schmortopf stark erhitzen. Das Fleisch salzen, mit etwas Mehl bestäuben und in dem Fett rundherum anbraten. Das Gemüse aus der Marinade dazugeben und 3 Min. mitbraten. Mit 1 Schöpflöffel Marinade ablöschen und die Flüssigkeit einkochen lassen. Den Vorgang zweimal wiederholen, dann die restliche Marinade angießen. Das Fleisch bei kleiner Hitze zugedeckt in etwa 3 Std. weich schmoren. Nach 2 Std. die Kartoffel schälen und in die Sauce reiben.

4. Den Sauerbraten aus dem Schmortopf heben und die Sauce durch ein Sieb gießen, dabei das Gemüse gut ausdrücken. Die Sauce wieder in den Topf geben, mit den Rosinen kurz kochen lassen und mit Salz, Pfeffer und dem Johannisbeergelee abschmecken. Den Sauerbraten in Scheiben schneiden und mit der Sauce auf Teller verteilen. Nach Belieben die Speckstreifen darüberstreuen. Dazu passen Rahmknödel (siehe S. 132) oder Spätzle (siehe S. 188).

Brasato al Barolo
mit Balsamico-Zwiebeln

AUFWAND: ★★★☆
ZUBEREITUNGSZEIT: ca. 1 Std.
GARZEIT: ca. 4 Std.
PRO PORTION: ca. 520 kcal
(bei 8 Personen)

ZUTATEN FÜR 6–8 PERSONEN:
ca. 1,6 kg Rindfleisch (aus der Schulter, z. B. dicker Bug)
Salz | Pfeffer
2 EL Mehl
3 EL Butterschmalz
2 Zwiebeln
1 Möhre
3 Stangen Staudensellerie
6 Wacholderbeeren
5 Zweige Thymian
1 Bund Petersilie
2 Lorbeerblätter
¼ Zimtstange
¾ l Barolo (oder anderer kräftiger Rotwein, z. B. Barbera)
½ l Rinderbrühe
500 g Perlzwiebeln (oder andere kleine Zwiebeln)
1 EL Butter
1 EL Puderzucker
5 EL Aceto balsamico

1. Den Backofen auf 160° vorheizen. Das Fleisch kräftig mit Salz und Pfeffer würzen und mit Mehl bestäuben. In einem Bräter das Butterschmalz erhitzen und das Fleisch darin bei mittlerer Hitze rundherum braun braten.

2. In der Zwischenzeit die Zwiebeln und die Möhre schälen und in 1 cm große Würfel schneiden. Den Sellerie putzen, waschen und in ½ cm breite Scheiben schneiden. Das Gemüse in den Bräter geben und hellbraun mitbraten. Die Wacholderbeeren grob hacken. Die Kräuter abbrausen und trocken schütteln. Die Petersilienblätter abzupfen und beiseitelegen. Die Petersilienstängel mit Thymian und Gewürzen in ein Gewürzsieb oder einen Einwegteebeutel füllen und in den Bräter geben. Den Braten mit wenig Barolo ablöschen und die Flüssigkeit einkochen lassen, dann wieder etwas Barolo angießen. Den Braten im Ofen (unten, 140° Umluft) etwa 4 Std. schmoren, dabei im Abstand von etwa 20 Min. wenig Barolo hinzufügen, sodass immer etwas Flüssigkeit im Bräter steht. Sobald der Wein verbraucht ist, mit der Brühe ebenso verfahren.

3. Etwa 30 Min. vor Ende der Garzeit in einem kleinen Topf Wasser zum Kochen bringen und die Perlzwiebeln darin 30 Sek. blanchieren. Die Zwiebeln kalt abschrecken, aus den Schalen drücken und die Wurzeln abschneiden. In einer Pfanne die Butter bei mittlerer Hitze zerlassen. Die Zwiebeln dazugeben, salzen und goldbraun braten. Den Puderzucker darüberstäuben, umrühren und mit dem Essig ablöschen. Die Zwiebeln bei kleiner Hitze 15–20 Min. einkochen lassen, dabei immer wieder umrühren (am Ende der Garzeit sollen die Zwiebeln von einer glänzenden, sirupartigen Flüssigkeit überzogen sein). Falls der Essig zu schnell verkocht, immer wieder 1 EL Wasser dazugeben.

4. Die Petersilienblätter hacken. Den Braten aus dem Ofen nehmen und in Scheiben schneiden. Das Gewürzsieb entfernen und die Sauce mit Salz und Pfeffer abschmecken. Nach Belieben das Gemüse in der Sauce mit dem Stabmixer pürieren. Den Brasato al Barolo mit der Sauce und den Balsamico-Zwiebeln anrichten, dabei die Zwiebeln mit der Petersilie bestreuen. Dazu passt ein sahniges Kartoffelpüree (siehe S. 154).

Feine Kalbsglace
für den Vorrat

AUFWAND: ★★★★
ZUBEREITUNGSZEIT: insgesamt ca. 45 Min.
RUHEZEIT: ca. 12 Std.
GARZEIT: ca. 5 Std.
GESAMT: ca. 570 kcal

FÜR 1 L SAUCE:
5 kg Kalbsknochen (vorzugsweise Rückenknochen; gehackt)
je 150 g Zwiebeln und Möhren
je 100 g Knollensellerie und Lauch
200 g Tomaten
½ Knolle Knoblauch
3–4 Zweige Thymian
1 TL schwarze Pfefferkörner
3 EL Olivenöl
1–2 EL Tomatenmark
1 Lorbeerblatt | 400 ml Rotwein
Salz | Pfeffer

Fond, Jus, Glace

Eine Grundlage der feinen Küche ist der braune Kalbsfond oder -jus aus Kalbsknochen. Direkt nach dem Abgießen eignet er sich ohne weitere Veränderungen sehr gut als Bratensauce. Wenn man den Kalbsfond noch weiter einkocht, wird daraus eine Kalbsglace. Ein paar Löffelchen davon geben jeder Sauce samtige Fülle und ein opulentes Fleischaroma. Weil eine Glace so konzentriert ist, reichen für die meisten Rezepte ganz kleine Mengen aus. Es ist praktisch, wenn man immer ein paar Kalbsglacewürfel im Tiefkühlfach griffbereit hat.

1. Am Vortag den Backofen auf 220° Umluft vorheizen. Die Kalbsknochen auf zwei Backbleche verteilen und im Ofen in 25–30 Min. braun rösten, dabei ab und zu durchrühren. Wer keinen Backofen mit Umluftfunktion hat, röstet die Knochen in zwei Portionen bei 240° Ober-/Unterhitze. Die Knochen herausnehmen und über Nacht kühl stellen (dann wird die Sauce klarer).

2. Am Zubereitungstag Zwiebeln, Möhren und Sellerie schälen, den Lauch längs aufschneiden und waschen. Die Tomaten waschen und die Stielansätze entfernen. Das Gemüse in walnussgroße Stücke schneiden. Die Knoblauchzehen auslösen und mit Schale halbieren. Den Thymian abbrausen und trocken schütteln. Die Pfefferkörner mit der Breitseite eines großen Messers leicht andrücken. In einem großen Topf das Olivenöl erhitzen und die Zwiebeln darin goldbraun braten. Möhren, Sellerie, Lauch und Knoblauch dazugeben und in 3 Min. hellbraun braten. Tomatenmark, Pfeffer und Lorbeerblatt kurz mitbraten, dann mit wenig Wein ablöschen und die Flüssigkeit einkochen lassen. Den Vorgang wiederholen, bis der Wein aufgebraucht ist.

3. Die Tomaten und die Knochen zum Gemüse geben und so viel kaltes Wasser angießen, dass alles knapp bedeckt ist. Wenig Salz dazugeben, alles langsam zum Kochen bringen und bei sehr kleiner Hitze etwa 4 Std. kochen lassen, dabei gelegentlich den Schaum entfernen.

4. Den Fond durch ein feines Sieb oder durch ein mit einem feuchten Passiertuch ausgelegtes Nudelsieb in einen kleinen Topf gießen. Die Flüssigkeit bei kleiner Hitze auf etwa 1 l einkochen lassen, dabei ab und zu den Schaum entfernen. Die Kalbsglace mit Salz und Pfeffer abschmecken, in Gläser oder Eiswürfelbehälter füllen und abkühlen lassen (dabei wird die Glace geleeartig fest). Kalbsglace kann man 2 Wochen im Kühlschrank oder einige Monate im Tiefkühlfach aufbewahren.

Garen mit Gelinggarantie

Gerade wenn man viele Gäste erwartet, ist ein Kalbsbraten eine gute Wahl. Nicht nur, weil er viel her macht, sondern vor allem auch, weil er sich fast von alleine macht – so kann man als Gastgeber herrlich entspannt bleiben.

Unser nachfolgendes Kalbskarree gelingt garantiert perfekt zartrosa, weil es bei sehr niedriger Temperatur gebraten wird. Dadurch gart es vollkommen gleichmäßig und bleibt supersaftig. Weil die Temperatur im Fleisch nur langsam ansteigt, ist es nicht so wichtig, die Garzeit genau einzuhalten. Ob man den Braten eine Viertelstunde früher oder später aus dem Ofen nimmt, macht fast keinen Unterschied. Und falls sich die Gäste verspäten, schaltet man den Ofen einfach auf 70° zurück, und es kann über Stunden überhaupt nichts passieren. Doch was ist, wenn Sie ein kleineres oder größeres Fleischstück zubereiten? Die Garzeit lässt sich nicht einfach linear hoch- oder runterrechnen. Deshalb ist ein Fleischthermometer mit Digitalanzeige eine sinnvolle Anschaffung. Profis können zwar auch mit Fingerdruck testen, wie weit das Fleisch gegart ist, doch auch ich verlasse mich gerne auf mein Thermometer. Es ist ganz einfach zu handhaben: Man stellt die Zieltemperatur ein, steckt die Sonde an der dicksten Stelle in das Kalbskarree – und ab in den Ofen damit. Das Thermometer bleibt draußen; meins ist magnetisch, also hefte ich es einfach an die Ofentür. Etwa 4 Stunden später: Der Kalbsbraten hat 62°, und das Fleisch ist beim Aufschneiden durch und durch zartrosa und saftig.

Gleichmäßig Garen bei Niedrigtemperatur

Der leere Backofen ist 80° heiß, wenn Sie 80° eingestellt haben, egal ob Umluft oder Ober-/Unterhitze. Erst wenn das kalte Gargut in den Ofen kommt, sinkt die Temperatur um das Fleisch herum ab, zumindest bei Ober-/Unterhitze. Bei Umluft bleibt sie dagegen (fast) konstant – deshalb empfiehlt es sich, bei sehr niedrigen Ofentemperaturen Umluft einzusetzen.

Kalbskarree
mit Oliven-Polenta (siehe Foto S. 173)

AUFWAND: ★★★★
ZUBEREITUNGSZEIT: ca. 50 Min.
GARZEIT: ca. 5 Std.
PRO PORTION: ca. 550 kcal

ZUTATEN FÜR 8 PERSONEN:
Für das Kalbskarree:
ca. 2 kg Kalbskarree (mit Knochen)
Salz
5 EL Olivenöl
1 Bio-Orange
1 Zweig Rosmarin
10 schwarze Pfefferkörner
1 EL Fenchelsamen
1 EL getrocknete Pilze
(z. B. Steinpilze oder Morcheln)
2 EL Pinienkerne
400 ml Kalbsglace (siehe S. 170; ersatzweise Kalbsfond aus dem Glas)
Pfeffer
5 EL Butter
Für die Polenta:
1 TL Olivenöl
2 EL kleine schwarze Oliven (entsteint)
3 Zweige Salbei
½ l Milch
Salz | Pfeffer
200 g Polenta (feiner Maisgrieß)

1. Für das Kalbskarree den Backofen auf 90° (besser: 80° Umluft) vorheizen. Das Kalbskarree waschen, trocken tupfen und salzen. In einer großen Pfanne 2 EL Olivenöl erhitzen und das Kalbskarree darin bei großer Hitze rundherum anbraten (1). Das Karree auf das Ofengitter legen und im Ofen (Mitte) garen, dabei ein Backblech darunterschieben, um den abtropfenden Fleischsaft aufzufangen. Den Garpunkt mit einem Bratenthermometer bestimmen: Bei 60° – nach etwa 4 Std. – ist das Fleisch rosa, bei 65° – nach etwa 5 Std. – ist es fast durchgegart (2).

2. Für die Polenta eine flache Form (etwa 20 x 30 cm) mit Olivenöl einfetten. Die Oliven hacken. Den Salbei abbrausen und trocken tupfen, die Blätter abzupfen und in Streifen schneiden. Die Milch mit ½ l Wasser und Salbei in einem Topf aufkochen lassen und mit Salz und Pfeffer würzen. Den Grieß dazugeben und bei kleiner Hitze unter Rühren 5 Min. quellen lassen. Die Oliven untermischen. Die Polenta mit dem Teigschaber in die Form streichen und abkühlen lassen. Dann in 8 oder 16 Dreiecke schneiden.

3. Die Orange heiß waschen und abtrocknen, die Schale abreiben und den Saft auspressen. Den Rosmarin abbrausen, trocken tupfen und die Nadeln abstreifen. Die Pfefferkörner mit der Breitseite eines großen Messers andrücken. Den Fenchel grob hacken. Orangenschale, Rosmarin, Pfeffer und Fenchel mit den Pilzen, Pinienkernen und dem restlichen Olivenöl in den Blitzhacker geben und fein zerkleinern.

4. Das Kalbskarree im ausgeschalteten Backofen ruhen lassen. Den Orangensaft in einem kleinen Topf auf die Hälfte einkochen lassen. In einem zweiten Topf die Kalbsglace zum Kochen bringen und mit Orangensaft, Salz und Pfeffer abschmecken. In einer beschichteten Pfanne 3 EL Butter erhitzen, die Polentaecken mit dem Pfannenwender hineingeben und auf beiden Seiten goldbraun braten. In einer zweiten Pfanne die restliche Butter erhitzen und die Gewürzmischung dazugeben. Das Kalbskarree in der Gewürzbutter rundherum kurz braten. Dann das Fleisch vom Knochen und in Scheiben schneiden (3; den Knochen einfrieren und für eine Kalbsglace verwenden). Das Feisch mit Sauce und Oliven-Polenta anrichten.

1

2

50
60
40
Roast Beef
70
30
Kalb,Rind,Schinken
80
20
Schaf,Lamm
90
10
Schwein
100
110

3

Ossobuco
mit Bärlauch-Gremolata

AUFWAND: ★★★★
ZUBEREITUNGSZEIT: ca. 45 Min.
GARZEIT: ca. 1 Std.
PRO PORTION: ca. 365 kcal

ZUTATEN FÜR 4 PERSONEN:
Für das Ossobuco:
2 Möhren
1 Zwiebel
4 Knoblauchzehen
3 Stangen Staudensellerie
800 g aromatische Tomaten
4 dicke Beinscheiben vom Kalb (je ca. 250 g)
Salz
2–3 EL Olivenöl
¼ l Weißwein
2 EL kalte Butter
Pfeffer
Für die Gremolata:
1 Scheibe altbackenes Weißbrot
1–2 EL Olivenöl
1 Bio-Zitrone
½ Bund Petersilie
30 g junger Bärlauch (oder 1 junge Knoblauchzehe)

1. Für das Ossobuco Möhren, Zwiebel und Knoblauch schälen und in feine Würfel schneiden. Den Sellerie putzen und waschen, längs halbieren und in Scheiben schneiden. Die Tomaten waschen und in Würfel schneiden, dabei die Stielansätze entfernen.

2. Die Beinscheiben waschen, trocken tupfen und salzen. In einem schweren Schmortopf 2 EL Olivenöl erhitzen und die Beinscheiben darin bei großer Hitze auf beiden Seiten goldbraun anbraten. Das Fleisch aus dem Topf nehmen und Möhren, Zwiebeln und Knoblauch darin 3–4 Min. leicht anbraten, dabei – falls nötig – noch etwas Olivenöl hinzufügen. Die Beinscheiben zum Gemüse geben und mit der Hälfte des Weins ablöschen. Die Flüssigkeit einkochen lassen und den Vorgang wiederholen. Die Tomaten und ¼ l Wasser dazugeben. Die Beinscheiben bei kleiner Hitze zugedeckt etwa 1 Std. schmoren.

3. Für die Gremolata das Brot im Blitzhacker zerbröseln. In einer Pfanne das Olivenöl erhitzen und die Brotbrösel darin goldbraun rösten. Die Brösel aus der Pfanne nehmen. Die Zitrone heiß waschen, abtrocknen und die Schale abreiben. Die Petersilie und den Bärlauch abbrausen und trocken schütteln. Die Petersilienblätter abzupfen und mit dem Bärlauch fein hacken. Die Brotbrösel mit Zitronenschale und Kräutern mischen.

4. Die Beinscheiben aus der Sauce heben. Die Butter in kleinen Stücken in die Sauce rühren, mit Salz und Pfeffer abschmecken. Das Ossobuco mit der Sauce anrichten und mit der Gremolata bestreuen. Dazu passen gestampfte Salzkartoffeln (aus einer mehligkochenden Kartoffelsorte).

Kalbsrollbraten
mit Essigzwetschgen

AUFWAND: ★★★★
ZUBEREITUNGSZEIT: ingesamt ca. 1 Std.
MARINIERZEIT: 2 Tage
GARZEIT: ca. 1½ Std.
PRO PORTION: ca. 465 kcal

ZUTATEN FÜR 8 PERSONEN:

Für die Essigzwetschgen:
500 g Zwetschgen
200 ml Rotwein
150 ml Rotweinessig
200 g Zucker
4 Gewürznelken
½ Zimtstange

Für den Rollbraten:
100 g Schalotten
3 Knoblauchzehen
1 kleine Petersilienwurzel (ca. 100 g)
5 EL Olivenöl
2 EL Pinienkerne
1 Bund Petersilie
½ TL Lavendelblüten (nach Belieben)
Salz | Pfeffer
1½ kg Kalbshals (vom Metzger mit einem doppelten Schmetterlingsschnitt aufklappen lassen)
400 ml Rotwein

1. Etwa 2 Tage vorher für die Essigzwetschgen die Zwetschgen waschen, trocken reiben und mit einer dicken Nadel (z. B. einer Rouladennadel) rundherum einstechen. In einem Topf den Wein mit Essig, Zucker und Gewürzen aufkochen lassen. Den Topf vom Herd nehmen und die Zwetschgen dazugeben, mit dem Sirup mischen und an einem kühlen Ort zugedeckt 24 Std. ziehen lassen. Die Zwetschgen in ein Sieb abgießen, dabei die Flüssigkeit in einem zweiten Topf auffangen. Den Sirup um ein Drittel einkochen lassen, wieder über die Zwetschgen gießen und erneut 24 Std. marinieren. Die Zwetschgen im Sirup bei sehr kleiner Hitze langsam zum Kochen bringen und auf der ausgeschalteten Herdplatte 20 Min. ziehen lassen. Essigzwetschgen halten sich im Kühlschrank mindestens 4 Wochen.

2. Am Zubereitungstag für den Rollbraten Schalotten, Knoblauch und Petersilienwurzel schälen und in feine Würfel schneiden. In einer beschichteten Pfanne die Hälfte des Olivenöls erhitzen und das Gemüse darin bei kleiner Hitze 5 Min. dünsten. Die Pinienkerne dazugeben und 2 Min. mitdünsten. Die Petersilie abbrausen und trocken schütteln, die Blätter abzupfen und fein hacken. Petersilie und Lavendel (nach Belieben) mit der Schalottenmischung verrühren und mit Salz und Pfeffer würzen.

3. Das restliche Olivenöl in ein tiefes Backblech geben und das Blech in den Ofen (unten) schieben. Den Backofen auf 160° (150° Umluft) vorheizen. Das Kalbfleisch mit der Innenseite nach oben auf die Arbeitsfläche legen und mit Salz und Pfeffer würzen. Die Petersilienmischung auf dem Fleisch verteilen, von einer Längsseite aus straff aufrollen und den Rollbraten mit Küchengarn im Abstand von 4 cm binden.

4. Den Rollbraten auf dem heißen Blech im Ofen 1½ Std. garen, dabei ab und zu wenden. Den Braten öfter mit wenig Wein und, wenn dieser aufgebraucht ist, mit etwas Bratensaft begießen. Den Rollbraten vom Blech nehmen und 5 Min. ruhen lassen. Den Bratensaft in einen kleinen Topf gießen und das Fett abschöpfen, die Sauce aufkochen lassen und mit Salz und Pfeffer abschmecken. Den Braten vom Küchengarn befreien, in Scheiben schneiden und mit den Essigzwetschgen (heiß oder kalt) servieren.

Kalbsrücken
mit Basilikum-Kartoffel-Pflanzerln

AUFWAND: ★★★★
ZUBEREITUNGSZEIT: ca. 1 Std. 15 Min.
PRO PORTION: ca. 435 kcal
(bei 6 Personen)

ZUTATEN 4–6 PERSONEN:
Für den Kalbsrücken:
800 g Kalbsrückenfilet
Salz | Pfeffer
2 EL Olivenöl
4 Knoblauchzehen
5 Zweige Zitronenthymian
1–2 EL Butter
Für die Pflanzerl:
400 g mehligkochende Kartoffeln
2 Schalotten
7 EL Butter
1 TL getrocknete Pilze
(z. B. Steinpilze oder Morcheln)
1 Bund Basilikum (oder Rucola)
2 Eigelb (M)
3–4 EL Semmelbrösel (oder im Blitzhacker zerkleinertes altbackenes Weißbrot)
Salz | Pfeffer
Für die Sauce:
3 EL Kapern (nicht zu klein)
4 EL Olivenöl
150 g Kirschtomaten

1. Für den Kalbsrücken den Backofen auf 130° (besser: 120° Umluft) vorheizen. Das Kalbsrückenfilet von Haut und Sehnen befreien und mit Salz und Pfeffer würzen. In einer ofenfesten Pfanne das Olivenöl erhitzen und das Fleisch darin bei mittlerer Hitze in 12 Min. goldbraun braten, dabei einmal wenden. Den Kalbsrücken im Ofen (Mitte) in 1 Std. 10 Min. gar ziehen lassen. Den Knoblauch schälen und mit der Breitseite eines großen Messers andrücken. Den Zitronenthymian abbrausen und trocken schütteln. Nach 10 Min. Garzeit die Ofentemperatur auf 80° (besser: 70° Umluft) reduzieren und den Knoblauch mit dem Thymian in die Pfanne geben.

2. Inzwischen für die Pflanzerl die Kartoffeln schälen, in grobe Stücke schneiden und in einem Topf mit Salzwasser bedeckt in 15–20 Min. weich kochen. Die Schalotten schälen und in sehr feine Würfel schneiden. In einer Pfanne 1–2 EL Butter erhitzen und die Schalotten darin in 5 Min. leicht bräunen lassen. Die Pilze im Blitzhacker fein mahlen, zu den Schalotten geben und 1 Min. mit ziehen lassen. Die Kartoffeln in ein Sieb abgießen und abtropfen lassen. Dann durch die Kartoffelpresse in eine Schüssel drücken und ausdampfen lassen. Das Basilikum waschen und trocken schütteln, die Blätter abzupfen und hacken. Basilikum, Schalotten-Pilz-Mischung, Eigelbe und Semmelbrösel mit den Kartoffeln verkneten. Die Masse mit Salz und Pfeffer würzen und 12 Pflanzerl daraus formen.

3. Für die Sauce die Kapern mit Küchenpapier trocken tupfen. Das Olivenöl in einem Topf erhitzen, die Kapern darin in 2–3 Min. knusprig frittieren. In ein Sieb abgießen und dabei das Kapernöl auffangen. Die Tomaten waschen, halbieren und hacken, in einem Topf aufkochen lassen und das Kapernöl unterrühren. Die Sauce mit Salz und Pfeffer würzen.

4. In einer großen beschichteten Pfanne 5–6 EL Butter portionsweise erhitzen und die Pflanzerl darin bei kleiner Hitze auf beiden Seiten in 6–8 Min. goldbraun braten. In einer zweiten Pfanne 1–2 EL Butter erhitzen und den Kalbsrücken darin rundherum kurz braten. Den Kalbsrücken in möglichst dünne Scheiben schneiden, mit Kartoffel-Basilikum-Pflanzerln und Tomatensauce anrichten und mit den knusprigen Kapern bestreuen.

Kalbsbrust
mit Kartoffeln und Tomaten

AUFWAND: ★★★★
ZUBEREITUNGSZEIT: ca. 50 Min.
GARZEIT: ca. 2 Std.
PRO PORTION: ca. 590 kcal

ZUTATEN FÜR 4 PERSONEN:
1 kg Kalbsbrust
Salz | Pfeffer
1 Zwiebel
4 Knoblauchzehen
3 Zweige Thymian
1 Zweig Salbei
½ Bund Petersilie
3 EL Olivenöl
2 Lorbeerblätter
400 ml Rinder- oder Gemüsebrühe
600 g Tomaten
600 g kleine neue Kartoffeln
je 5–10 grüne und schwarze Oliven

1. Das Fleisch mit Salz und Pfeffer einreiben und mit Küchengarn in Form binden. Die Zwiebel und den Knoblauch schälen und in feine Würfel schneiden. Die Kräuter abbrausen und trocken schütteln. Die Petersilienblätter abzupfen und in ein feuchtes Küchentuch gewickelt in den Kühlschrank legen, die Stängel mit Küchengarn zusammenbinden.

2. In einem Bräter das Olivenöl erhitzen und die Kalbsbrust darin bei mittlerer Hitze 8–10 Min. rundherum anbraten. Die Zwiebeln und den Knoblauch dazugeben und kurz mitbraten. Thymian, Salbei, Petersilienstängel und Lorbeerblätter hinzufügen und die Hälfte der Brühe angießen. Alles zugedeckt 10 Min. kochen lassen.

3. In der Zwischenzeit die Tomaten waschen, halbieren und in grobe Stücke schneiden, dabei die Stielansätze entfernen. Die Tomaten in den Bräter geben und 10 Min. mitschmoren.

4. Den Backofen auf 150° vorheizen. Die Kartoffeln unter kaltem Wasser gründlich abbürsten. Die Kalbsbrust wenden, die Oliven in den Bräter geben und die restliche Brühe angießen. Das Fleisch im Ofen zugedeckt (Mitte, 140° Umluft) in etwa 2 Std. fertig garen, dabei nach 1 Std. wenden und die Kartoffeln dazugeben.

5. Die Kalbsbrust herausnehmen und 5 Min. ruhen lassen. Die Sauce durch ein Sieb in einen kleinen Topf gießen und das Fett abschöpfen. Das Gemüse aus dem Sieb wieder dazugeben, die Petersilienstängel entfernen und die Sauce erhitzen. Die Kalbsbrust in Scheiben schneiden und mit der Sauce anrichten.

Lamm-Pepato
mit Paprika und Kichererbsen

AUFWAND: ★★★★
ZUBEREITUNGSZEIT: ca. 1 Std.
RUHEZEIT: ca. 12 Std.
GARZEIT: ca. 4 Std. 20 Min.
PRO PORTION: ca. 680 kcal
(bei 6 Personen)

ZUTATEN FÜR 4–6 PERSONEN:
250 g Kichererbsen (getrocknet; nach Belieben 400 g Kichererbsen aus der Dose)
2 EL Olivenöl
4 rote (oder gelbe) Paprikaschoten
1,2 kg Lammfleisch (aus der Schulter oder Keule)
2 Zwiebeln
3 Knoblauchzehen
2 Zweige Rosmarin
1 EL schwarze Pfefferkörner
Salz
½ l Weißwein
½ Bund Minze

»Gepfeffert«

Pepato nennen Italiener Gerichte, die es in sich haben und großzügig mit Pfeffer (ital. pepe) gewürzt sind. Dieses Lamm-Pepato ist ein beliebtes Traditionsgericht aus der Toskana. Falls Sie es weniger scharf mögen, nehmen Sie einfach nur ½ EL Pfefferkörner.

1. Am Vortag die Kichererbsen in eine Schüssel geben, mit 600 ml kaltem Wasser bedecken und mindestens 12 Std. – am besten über Nacht – quellen lassen (Kichererbsen aus der Dose müssen nicht eingeweicht werden).

2. Am Zubereitungstag den Backofen auf 240° (besser: 220° Umluft) vorheizen. Ein Backblech mit 1 EL Olivenöl einfetten. Die Paprika vierteln, entkernen und waschen. Die Viertel mit der Hautseite nach oben auf das Backblech legen und im Ofen (Mitte) etwa 20 Min. garen, bis die Haut Blasen wirft und schwarz zu werden beginnt. Die Paprikastücke herausnehmen und unter einem feuchten Küchentuch 5 Min. ruhen lassen. Dann mit den Fingern oder einem kleinen Messer die Haut abziehen.

3. Die Backofentemperatur auf 130° (besser: 120° Umluft) reduzieren. Das Lammfleisch in 3–4 cm große Würfel schneiden. Zwiebeln und Knoblauch schälen und in Scheiben schneiden. Den Rosmarin abbrausen und trocken schütteln, die Nadeln abstreifen und fein hacken. Die Pfefferkörner im Mörser zerstoßen oder mit der Pfeffermühle grob mahlen. Das Fleisch mit Paprika, Zwiebeln, Knoblauch, Rosmarin, Pfeffer, Salz und Wein in einen Schmortopf geben und mischen. Das Lamm-Pepato im Ofen (Mitte) zugedeckt etwa 4 Std. garen, dabei gelegentlich prüfen, ob ausreichend Flüssigkeit im Topf ist. Falls nötig, noch etwas Wasser nachgießen.

4. In der Zwischenzeit die Kichererbsen abgießen und in einen Topf geben, mit reichlich frischem Wasser bedecken und (ohne Salz) bei kleiner Hitze in 3 Std. weich kochen. Dann in ein Sieb abgießen und wieder in den Topf geben, mit Salz würzen und mit dem restlichen Olivenöl mischen (Kichererbsen aus der Dose müssen nur abgegossen und kurz erhitzt werden). Die Minze abbrausen, trocken schütteln und die Blätter abzupfen, in feine Streifen schneiden und unter die warmen Kichererbsen mischen. Das Lamm-Pepato mit Salz abschmecken und mit den Kichererbsen servieren.

Lammschulter
mit Melone und Risoni

AUFWAND: ★★★★
ZUBEREITUNGSZEIT: ca. 50 Min.
GARZEIT: ca. 3 Std.
PRO PORTION: ca. 665 kcal

ZUTATEN FÜR 8 PERSONEN:
100 g Weißbrot
2 Zweige Rosmarin
10 schwarze Pfefferkörner
2 TL Korianderkörner
ca. 1,8 kg Lammschulter
(oder Lammkeule; ausgelöst)
Salz | 3–4 EL Olivenöl
¼ Zuckermelone (ca. 250 g)
150 ml Weißwein
400 g Risoni-Nudeln (oder Fregole sarde, süditalienische Kugelnudeln)
100 g Parmesan (am Stück)
150 ml Gemüsebrühe
Pfeffer | ½ Bund Basilikum

Gewürze zerkleinern

Manche Gewürze, etwa Pfefferkörner, sind zu hart für den Blitzhacker, andere, wie Fenchelsamen oder Rosmarinnadeln, zu zäh. Der Mörser schafft die harten Körner, zähe Gewürze oder Kräuter müssen dagegen vorher gehackt werden. Eine kleine elektrische Kaffeemühle mit Schlagmessern kostet nicht viel und zerkleinert alle Gewürze problemlos. Die Anschaffung lohnt sich für alle, die gerne eigene Gewürzmischungen kreieren.

1. Den Backofen auf 140° (125° Umluft) vorheizen. Das Brot in 1 cm große Würfel schneiden und in einer Pfanne ohne Fett hellbraun rösten. Den Rosmarin abbrausen und trocken schütteln, die Nadeln abstreifen und grob hacken. Den Rosmarin mit den Pfeffer- und Korianderkörnern im Mörser fein zerstoßen oder in einer Kaffeemühle (siehe Tipp) schroten. Das Lammfleisch auf der Innenseite salzen und mit der Gewürzmischung und den Brotwürfeln bestreuen. Das Fleisch von einer Längsseite aus straff aufrollen und mit Küchengarn zusammenbinden. In einem Bräter 2 EL Olivenöl erhitzen und das Fleisch darin rundherum anbraten. Den Bräter in den Ofen (Mitte) stellen und das Fleisch zugedeckt etwa 3 Std. garen.

2. Nach knapp 2 Std. Garzeit die Melone entkernen und schälen. Das Fruchtfleisch zuerst in schmale Spalten, dann quer in dünne Scheiben schneiden und mit dem Wein in den Bräter geben. Das Fleisch im offenen Bräter noch knapp 1 Std. weitergaren.

3. In einem großen Topf reichlich Salzwasser zum Kochen bringen und die Nudeln darin nach Packungsanweisung garen. Dann in ein Sieb abgießen, kalt abschrecken und abtropfen lassen. Den Parmesan fein reiben.

4. Den Braten aus dem Ofen nehmen, 10 Min. ruhen lassen und das Küchengarn entfernen. In einer Pfanne die Brühe aufkochen lassen, die Nudeln hineingeben und 2 Min. mitkochen. Den Parmesan unterrühren und die Nudeln mit Salz und Pfeffer würzen. Das Basilikum abbrausen und trocken schütteln. Die Basilikumblätter zerzupfen und unter die Nudeln rühren. Das Fleisch in Scheiben schneiden und die Sauce mit Salz und Pfeffer abschmecken. Die Lammschulter mit der Melonensauce und den Nudeln servieren.

Rehragout
mit Spätzle

AUFWAND: ★★★★
ZUBEREITUNGSZEIT: ingesamt ca. 1 Std.
MARINIERZEIT: 5–6 Tage
GARZEIT: ca. 1 Std.
PRO PORTION: ca. 720 kcal (bei 6 Personen)

ZUTATEN FÜR 4–6 PERSONEN:

Für das Rehragout:

400 g Zwiebeln | 2 Möhren
¼ Sellerieknolle | ½ Stange Lauch
4 Knoblauchzehen
1 EL schwarze Pfefferkörner
6 Wacholderbeeren
2 Gewürznelken
1,2 kg Rehfleisch (aus der Schulter oder Keule)
1 Lorbeerblatt
100 ml Rotweinessig
¾ l Rotwein
3 EL Sonnenblumenöl
Salz
1 EL Tomatenmark
2–3 EL Rotes Johannisbeergelee
50 g Saucenlebkuchen (oder 1 Scheibe Pumpernickel)
Pfeffer

Für die Spätzle:

400 g Mehl
6 Eier (M)
150 ml Mineralwasser
Salz | Pfeffer
frisch geriebene Muskatnuss
1 EL Sonnenblumenöl
1 EL Butter

1. Für das Rehragout 5–6 Tage vorher die Zwiebeln, die Möhren und den Sellerie schälen und in 3 cm große Würfel schneiden. Den Lauch putzen, längs halbieren, waschen und in 2 cm breite Streifen schneiden. Den Knoblauch schälen. Pfefferkörner, Wacholderbeeren und Nelken im Mörser andrücken. Das Fleisch in 3 cm große Würfel schneiden und mit Gemüse, Gewürzen, Essig und Wein mischen. Im Kühlschrank 5–6 Tage marinieren.

2. Am Zubereitungstag das Fleisch mit dem Gemüse in einem Sieb gut abtropfen lassen, dabei die Marinade in einem Topf auffangen. Die Marinade aufkochen lassen und den Schaum entfernen. Das Fleisch aus dem Sieb nehmen. In einem schweren Topf oder Bräter das Öl erhitzen und das Fleisch darin bei großer Hitze rundherum anbraten. Das Gemüse aus der Marinade dazugeben und 3 Min. mitbraten. Die Fleisch-Gemüse-Mischung leicht salzen und das Tomatenmark mit dem Gelee unterrühren. Mit etwas Marinade ablöschen und die Flüssigkeit einkochen lassen. Den Vorgang zweimal wiederholen, dann die restliche Marinade angießen. Das Ragout zugedeckt bei kleiner Hitze etwa 1 Std. kochen lassen. Kurz vor Ende der Garzeit den Saucenlebkuchen hineinreiben.

3. In der Zwischenzeit für die Spätzle Mehl, Eier und Wasser zu einem zähen Teig verrühren und mit dem Kochlöffel schlagen, bis er Blasen wirft. Mit Salz, Pfeffer und Muskatnuss würzen. In einem großen Topf reichlich Salzwasser zum Kochen bringen. Eine große Schüssel mit kaltem Wasser bereitstellen. Die Spätzle portionsweise ins kochende Wasser hobeln (mit einem Spätzlehobel) oder drücken (mit einer Spätzlepresse) bzw. schaben (mit einem Messer vom Brett) und aufkochen lassen. Dann mit dem Schaumlöffel aus dem Topf heben und im kalten Wasser abschrecken. Die Spätzle abgießen, in einem Sieb abtropfen lassen und mit dem Öl mischen.

4. Die Sauce mit Salz und Pfeffer abschmecken. In einer Pfanne die Butter mit 3 EL Wasser erhitzen und die Spätzle darin erwärmen. Das Rehragout mit den Spätzle servieren.

Nicht nur zu Martini

Gänse sollen auf der Weide schnattern, nach Lust und Laune Hafer fressen und sich abends in einem geräumigen Stall ausruhen. So fühlen sich die Tiere den Sommer über wohl, und bevor in der kalten Jahreszeit das Futter knapp wird, geben sie einen prächtigen Braten ab.

In der Sprache der Behörden heißt diese Zuchtform bäuerliche Freilandhaltung oder ökologische Geflügelproduktion, unter anderem kommen dabei 80 Prozent des Futtergetreides vom Hof des Gänsezüchters. Ganz anders sieht es allerdings in der konventionellen Landwirtschaft aus: Wie beim übrigen Geflügel geht es auch bei der Gänsezucht um kurze Mastdauer und schnellen Fleischzuwachs, die Tiere leben auf beengtem Raum und werden mit Medikamenten behandelt. Es lohnt sich also, beim Einkauf auf ausgewiesene Bioqualität zu achten. Was in den Tiefkühltruhen der Supermärkte liegt, stammt nur selten aus bäuerlicher Freilandhaltung, ist also für Genuss mit gutem Gewissen kaum geeignet. Dabei spricht nichts gegen das Tiefkühlen an sich. Gänse und Enten werden dadurch sogar etwas zarter. Wenn sie sorgfältig eingefroren werden, garen sie auch sehr saftig. Was das Erfolgsrezept für einen guten Gänsebraten ist? Man bereitet ihn ähnlich wie einen Schweinebraten zu (siehe S. 152), das heißt, er wird erst gedämpft und dann sanft gebraten. Ist die Haut zuletzt nicht knusprig genug, bestreicht man sie mit Salzwasser und bräunt sie bei erhöhter Ofentemperatur nach. Das Besondere am Gänsebraten ist die Füllung. Sie gibt dem Fleisch Geschmack und liefert auch gleich die Beilage mit.

Gut gefüllter Gänsebauch: mit Äpfel, Birnen oder Pilzen

Die Füllung des Gänsebratens können Sie variieren: Ersetzen Sie den Kürbis von S. 192 durch (ungekochte) Äpfel oder Birnen und den Salbei durch Majoran. Oder bereiten Sie eine feine Pilzfüllung zu: Braten Sie dafür 100 g Räucherspeckstreifen knusprig und dünsten 600 g klein geschnittene Waldpilze, 1 fein geschnittene Lauchstange und gehackte Petersilie mit.

Gänsebraten
mit Kürbisknödelfüllung (siehe Foto S. 191)

AUFWAND: ★★★★
ZUBEREITUNGSZEIT: ca. 40 Min.
RUHEZEIT: ca. 30 Min.
GARZEIT: ca. 3 Std. 15 Min.
PRO PORTION: ca. 1500 kcal

ZUTATEN FÜR 8 PERSONEN:
400 g Hokkaido-Kürbis
500 g Zwiebeln
Salz
100 g getrocknete Feigen
5 Zweige Salbei
200 g altbackenes Weißbrot
200 ml Milch
2 Eier (M)
Pfeffer
gemahlener Kreuzkümmel
1 Frühmast-Gans (4–4 ½ kg; küchenfertig)
2 EL Sonnenblumenöl

1. Den Kürbis waschen und halbieren, die Kerne entfernen und das Fruchtfleisch in 1 cm große Würfel schneiden. 1 Zwiebel schälen und in feine Würfel schneiden. Kürbis und Zwiebel mit 100 ml Wasser und 1 Prise Salz in einem Topf zugedeckt 10 Min. dünsten. Die Feigen in Scheiben schneiden. Den Salbei abbrausen und trocken schütteln, die Blätter abzupfen, hacken und mit den Feigen zum Kürbis geben. Kurz zugedeckt weiterdünsten, bis die Flüssigkeit verdunstet ist.

2. Das Brot in dünne Scheiben schneiden. Die Milch lauwarm erhitzen, mit den Eiern verquirlen und mit Salz, Pfeffer und 1 Prise Kreuzkümmel kräftig würzen. Die Eiermilch über das Brot gießen, die Schüssel mit Klarsichtfolie verschließen und das Brot etwa 30 Min. quellen lassen.

3. Einen Bräter in den Backofen stellen (Mitte). Den Ofen auf 200° (besser: 180° Umluft) vorheizen. Die Gans innen und außen waschen und trocken tupfen. Die Flügelspitzen abschneiden. Die Haut (nicht das Fleisch) mit einer Rouladennadel rundherum einstechen. Die Gans mit Öl einreiben, innen und außen kräftig salzen. Gemüse und Brot mischen und in den Bauch füllen. Die Öffnung mit Rouladennadeln verschließen und zunähen (1). Die übrigen Zwiebeln schälen, vierteln und in Scheiben schneiden.

4. 350 ml Wasser aufkochen und in den Bräter geben. Die Gans mit der Brustseite nach unten hineinlegen und im Ofen (Mitte) dämpfen. Nach 45 Min., wenn das Wasser verdampft ist, beginnt die Gans zu braten. Etwa 1 Std. später, wenn der Rücken gebräunt ist, die Gans wenden. Nach weiteren 30 Min. Flügelspitzen und Zwiebeln dazugeben (2) und die Gans in etwa 1 Std. fertig garen. Dabei immer wieder mit Bratfett begießen. Die Gans ist gar, wenn beim Einstechen der Keulen klarer Saft herausläuft (3) und sich das Fleisch der Keulen weich anfühlt. Die Gans auf eine Platte setzen und im ausgeschalteten Ofen bei geöffneter Tür 5 Min. ruhen lassen.

5. Den Bratensatz mit etwas Wasser lösen und die Sauce in einen Topf gießen. Das Fett abschöpfen, die Sauce erhitzen und mit Salz und Pfeffer abschmecken. Die Gans tranchieren (4) und mit der in Scheiben geschnittenen Füllung und dem Zwiebelgemüse anrichten. Dazu passt Rotkohl.

1

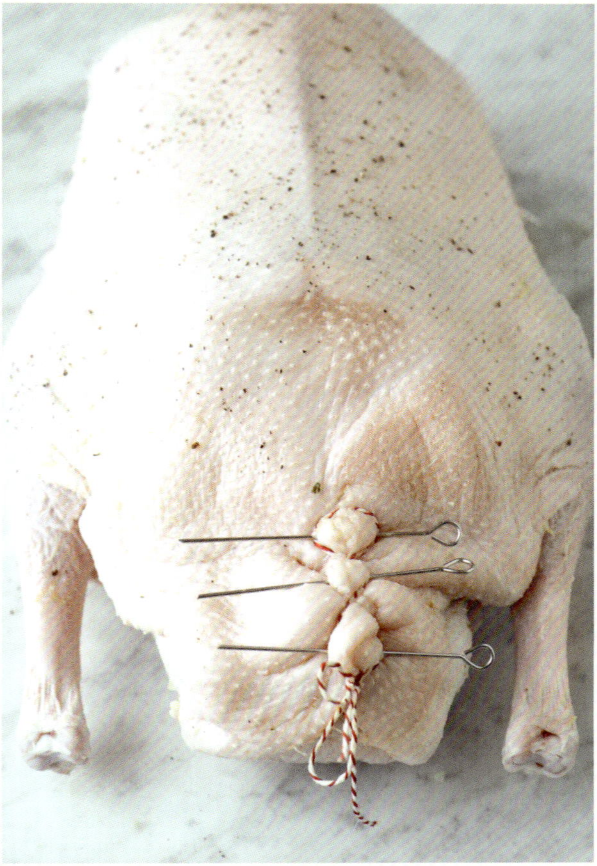

2

4

Zanderfilet sous-vide
mit Paprikagemüse und Sherry-Vinaigrette

AUFWAND: ★★★★
ZUBEREITUNGSZEIT: ca. 45 Min.
GARZEIT: ca. 45 Min.
PRO PORTION: ca. 515 kcal

ZUTATEN FÜR 4 PERSONEN:
Für das Paprikagemüse:
2 rote Paprikaschoten
2 Zwiebeln | 4 Knoblauchzehen
1 Lorbeerblatt
150 ml Olivenöl
Salz | Pfeffer
100 ml Weißwein
125 ml Gemüsebrühe (nach Belieben)
Für den Zander:
2 EL kleine schwarze Oliven (entsteint)
4 Stängel Dill (oder Fenchelkraut)
600 g Zanderfilet (mit Haut)
Salz | Pfeffer
2–4 TL Olivenöl
Für die Vinaigrette:
3 Stängel Minze | 2 EL Sherryessig
Salz | Pfeffer
je ½ TL gemahlener Koriander und Piment
6 EL Olivenöl

Hightech-Wasserbad

Für modernes Niedrigtemperaturgaren gibt es seit einiger Zeit auch für Privathaushalte erschwingliche Wasserbadgeräte mit sehr genauer Temperatursteuerung. Sie werden als Sous-vide-Bad, Elektro-Wasserbad, kontrolliertes Wasserbad oder Wasserbad mit Temperatursteuerung angeboten.

1. Für das Paprikagemüse die Paprikaschoten halbieren, entkernen, waschen und in kleine Würfel schneiden. Die Zwiebeln und den Knoblauch schälen und in feine Würfel schneiden. Das Gemüse mit dem Lorbeerblatt, 3 EL Olivenöl, Salz und Pfeffer in einen kleinen schweren Topf mit gut schließendem Deckel geben und zugedeckt bei sehr kleiner Hitze 45 Min. dünsten.

2. Für den Zander den Backofen auf 60° Umluft vorheizen und einen großen flachen Topf, der mit kochendem Wasser gefüllt ist, hineinstellen (siehe S. 136). Oder ein Sous-vide-Bad (Elektro-Wasserbad, siehe Tipp) auf 60° vorheizen. Die Oliven hacken. Den Dill abbrausen und trocken schütteln, die Spitzen abzupfen und hacken. Das Zanderfilet waschen und trocken tupfen, in vier Portionen schneiden und mit Salz und Pfeffer würzen. Die Filetstücke mit Oliven und Dill nebeneinander in einen oder zwei Vakuumbeutel schichten und das Olivenöl dazugeben. Die Beutel mit einem Vakuumiergerät luftdicht verschließen. Die Zanderfilets im Wasserbad im Ofen oder im Sous-vide-Bad 10 Min. garen, eventuell mit einem Sieb oder einem Topfdeckel beschweren, sodass die Filets ganz mit Wasser bedeckt sind.

3. Das Paprikagemüse mit dem Wein ablöschen und die Flüssigkeit einkochen lassen. Mit Brühe oder Wasser aufgießen und das Paprikagemüse in 10 Min. fertig garen. Für die Vinaigrette die Minze abbrausen und trocken schütteln, die Blätter abzupfen und fein hacken. Den Essig mit Salz, Pfeffer, Koriander, Piment und Olivenöl zu einer Vinaigrette verrühren und die Minze untermischen.

4. Die Vakuumbeutel aus dem Wasserbad nehmen und aufschneiden. Die Fischfilets mit der Garflüssigkeit in eine beschichtete Pfanne geben und einmal aufkochen lassen, sodass die Filets außen heiß sind. Die Filets wenden und nach ein paar Sekunden herausnehmen. Die Zanderfilets mit dem Paprikagemüse auf Tellern anrichten und die Vinaigrette über den Fisch verteilen. Dazu passen Salzkartoffeln oder Kartoffelpüree (siehe S. 154).

Lachsfilet sous-vide
mit Sesam-Aprikosen-Sofrito

AUFWAND: ★★★★
ZUBEREITUNGSZEIT: ca. 35 Min.
GARZEIT: 15 Min.
PRO PORTION: ca. 560 kcal

ZUTATEN FÜR 4 PERSONEN:
1 Bio-Zitrone
800 g Lachsfilet (Mittelstück; ohne Haut)
Salz | Pfeffer
3–4 EL Olivenöl
6 getrocknete Aprikosen
½–2 getrocknete Chilischoten
(je nach gewünschter Schärfe)
4 Stängel Minze (oder Zitronenverbene)
2 EL Sesamsamen
2 EL Semmelbrösel (oder im Blitzhacker
zerkleinertes altbackenes Weißbrot)
4 EL saure Sahne (nach Belieben)

1. Den Backofen auf 60° Umluft vorheizen und einen großen flachen Topf, der mit kochendem Wasser gefüllt ist, hineinstellen (siehe S. 136). Oder ein Sous-vide-Bad (Elektro-Wasserbad, siehe Tipp S. 194) auf 60° vorheizen. Die Zitrone heiß waschen, abtrocknen und 1 TL Schale fein abreiben. Die Zitrone längs vierteln. Das Lachsfilet waschen und trocken tupfen, in vier Portionen schneiden und mit Salz und Pfeffer würzen. Die Lachsstücke nebeneinander in einen oder zwei Vakuumbeutel legen und die Zitronenschale sowie 2 EL Olivenöl darauf verteilen. Die Beutel mit einem Vakuumiergerät luftdicht verschließen. Die Lachsfilets im Wasserbad im Ofen oder im Sous-vide-Bad 15 Min. garen, eventuell mit einem Sieb oder einem Topfdeckel beschweren, sodass die Filets ganz mit Wasser bedeckt sind.

2. Inzwischen die Aprikosen fein hacken. Die Chilischote(n) zerbröseln. Die Minze abbrausen, trocken schütteln und die Blätter abzupfen. Dann eine beschichtete Pfanne mit dem restlichen Olivenöl erhitzen. Die Vakuumbeutel aufschneiden, die Filets herausheben und in der Pfanne bei großer Hitze kurz anbraten, sodass die Filets außen heiß sind. Aprikosen, Chili, Sesam und Brotbrösel dazugeben, die Filets wenden und alles 1 Min. weiterbraten. Die Filets auf Teller legen, die Aprikosen-Sesam-Brösel darauf verteilen und die Zitronenspalten dazu servieren. Auf jedes Filet nach Belieben 1 EL saure Sahne geben. Die Minzeblätter zerzupfen und die Lachsfilets damit garnieren.

Risotto mit Erbsen

Zum Lachsfilet passt perfekt ein kleiner Risotto: Dafür 1,2 l Hühnerbrühe (oder Fischfond) zum Kochen bringen. 300 g Risottoreis (z. B. Arborio) in 1 EL Olivenöl 2 Min. andünsten. Nach und nach die heiße Brühe zugeben, den Reis bei kleiner Hitze etwa 18 Min. kochen lassen, ab und zu umrühren. Nach 15 Min. 250 g Erbsen (TK) oder in Streifen geschnittene Zuckerschoten unterrühren und mitgaren. 2 EL Olivenöl, 3–4 EL frisch geriebenen Parmesan und 1 Handvoll gehackte Petersilie unterrühren. Vom Herd nehmen und zugedeckt 2 Min. ziehen lassen.

Steinbutt aus dem Ofen

mit Kartoffelschuppen

AUFWAND: ★★★★
ZUBEREITUNGSZEIT: ca. 25 Min.
GARZEIT: ca. 30 Min.
PRO PORTION: ca. 740 kcal

ZUTATEN FÜR 2 PERSONEN:
1 Baby-Steinbutt (ca. 1 kg; küchenfertig)
Salz | Pfeffer
6 Zweige Thymian
6–8 EL Olivenöl
400 g neue Kartoffeln
4 reife Tomaten
1 Knoblauchzehe
1 Bund Petersilie
1 EL Kapern (oder 2 EL kleine Oliven)

1. Den Steinbutt waschen, trocken tupfen und innen und außen mit Salz und Pfeffer würzen. Den Thymian abbrausen, trocken schütteln und in die Bauchöffnung geben. Auf einem tiefen Backblech oder in einem großen Bräter 3–4 EL Olivenöl verteilen und den Steinbutt hineinlegen.

2. Den Backofen auf 220° vorheizen. Die Kartoffeln schälen und mit einem Messer oder auf dem Gemüsehobel in dünne Scheiben schneiden. Die Kartoffelscheiben in einer Schüssel mit Salz, Pfeffer und dem restlichen Olivenöl mischen. Die Tomaten waschen und in Scheiben schneiden, dabei die Stielansätze entfernen. Den Knoblauch schälen und in Scheiben schneiden. Die Petersilie abbrausen und trocken schütteln, die Blätter abzupfen und grob hacken. Die Tomaten mit Knoblauch, Petersilie und Kapern gleichmäßig auf dem Fisch verteilen. Die Kartoffelscheiben locker schuppenartig darauf verteilen und den Steinbutt im Ofen (Mitte, 200° Umluft) etwa 30 Min. garen.

3. Die Kartoffelscheiben mit Salz bestreuen und den Steinbutt am besten auf dem Backblech servieren. Bei Tisch zunächst das Kartoffel-Tomaten-Gemüse auf die Teller verteilen. Dann die Haut des Steinbutts abziehen und die oberen Filets vorsichtig abheben. Die Mittelgräte entfernen und die beiden unteren Filets von der Haut abheben. Den Dünstfond vom Blech und nach Belieben etwas Olivenöl über die Filets träufeln.

Von »Schuppen« und Gräten

Fisch mit Kartoffelschuppen ist ein Klassiker der feinen Küche. Die Kartoffelscheiben schützen den Fisch vor dem Austrocknen und sind gleichzeitig eine aromatische und sättigende Beilage, die ohne Aufwand nebenbei mitgart. Steinbutt hat übrigens wie die anderen Plattfische – Scholle, Seezunge oder Heilbutt – keine versteckten kleinen Gräten. Die Mittelgräte ist leicht zu finden und zu entfernen, danach sind die Filets garantiert grätenfrei.

Butterzarter Oktopus

Oktopus gilt in der Küche als schwierig. Das Fleisch der Kopffüßer enthält nämlich viel Bindegewebe, das bei großer Hitze im Kochtopf leicht zäh wird. Um genau dies zu vermeiden, hat man sich allerlei Tricks einfallen lassen.

Griechische Fischer zum Beispiel schlagen Kraken gegen Felsen. Und Sterneköche geben Weinkorken ins Kochwasser, denn die wachsartigen Substanzen aus den Korken legen sich zwischen die Eiweißmoleküle im Oktopusfleisch und verhindern so, dass sie »verfilzen«. An der Oberfläche von kochendem Wasser gibt es jedoch immer Hitzeschwankungen, durch die das Eiweiß verknäult. Deshalb ist es besonders wichtig, einen Oktopus sanft und gleichmäßig zu garen – das Wasser darf nie sprudelnd kochen. Das dauert zwar länger, doch für die Geduld wird man reichlich belohnt: Wie jedes bindegewebsreiche Fleisch kann auch Oktopus äußerst zart und saftig werden. Das geschieht, weil sich das zähe Bindegewebe in natürliche Gelatine verwandelt. Sie sorgt dafür, dass Fleisch und Saucen im warmen Zustand voll und cremig schmecken. Beim Abkühlen wird die Gelatine fest. Eine Eigenschaft, die wir uns im folgenden Rezept zunutze machen: Hier werden gekochte Tintenfischtentakel in eine Form geschichtet und während des Abkühlens beschwert – es entsteht ein fester Block, eine Oktopussülze. Brät man Scheiben davon in der Pfanne, wird die Gelatine sofort wieder flüssig. Deshalb werden die Scheiben vorher mit Mehl bestäubt, das hält die Oberfläche zusammen.

Oktopus, Sepia und Kalmar

Die Familie der Kopffüßer, zu denen auch der Oktopus gehört, ist groß und unübersichtlich. Gut schmecken alle ihre Vertreter. Es gibt zwei Hauptgruppen, die man ganz leicht an der Anzahl ihrer Arme oder Tentakel unterscheiden kann. Oktopoden haben acht Arme, Kalmare und Sepien dagegen zehn.

Gebratener Oktopus

mit Sommerkartoffelsalat (siehe Foto S. 201)

AUFWAND: ★★★★
ZUBEREITUNGSZEIT: insgesamt ca. 1 Std.
GARZEIT: ca. 1½ Std.
RUHEZEIT: ca. 12 Std.
PRO PORTION: ca. 410 kcal (bei 6 Personen)

ZUTATEN FÜR 4–6 PERSONEN:

Für den Oktopus:
1 Oktopus (ca. 1½ kg) | Salz
2–3 Stangen Staudensellerie
5 Knoblauchzehen
1 TL schwarze Pfefferkörner
6 Zweige Thymian
1 EL Fenchelsamen | 1 Lorbeerblatt
4 EL Mehl | 2 EL Rapsöl

Für den Kartoffelsalat:
800 g kleinere neue Kartoffeln | Salz
2 rote Zwiebeln
200 g Aprikosen
2 EL Sesamsamen
1 Bund Petersilie
½ Bund Zitronenverbene
1 Stück Ingwer (ca. 3 cm)
1 TL rosa Pfefferbeeren (oder 1 Chilischote)
6 EL Rapsöl | Saft von 1 Zitrone
1 TL Honig | Pfeffer

1. Am Vortag die Oktopus-Tentakel abschneiden (1) und den Körper entfernen. Die Tentakel in einem großen Topf mit Salzwasser in etwa 1½ Std. weich kochen. Den Sellerie putzen, waschen und in Scheiben schneiden. Knoblauch in der Schale und Pfeffer mit der Breitseite eines großen Messers andrücken. Den Thymian abbrausen und trocken schütteln. Nach 45 Min. Garzeit Sellerie, Knoblauch, Pfeffer und Thymian mit Fenchelsamen und Lorbeerblatt zum Oktopus geben (2). Eine kleine Kastenform oder Plastikdose (ca. 700 ml Inhalt) ausspülen und mit Klarsichtfolie auskleiden. Die weich gekochten Oktopus-Tentakel aus dem Sud heben und in die Form legen (eingerollte Enden dabei nach Belieben lang ziehen), mit Klarsichtfolie bedecken, ein Brett darauflegen und mit einem Gewicht (z. B. einem Marmeladenglas) beschweren. Den Oktopus im Kühlschrank etwa 12 Std. – am besten über Nacht – ruhen lassen.

2. Am Zubereitungstag für den Kartoffelsalat die Kartoffeln in einem Topf mit Salzwasser in 20–25 Min. bissfest kochen. Dann abgießen, pellen, abkühlen lassen und in ½ cm dicke Scheiben schneiden. Die Zwiebeln schälen, vierteln und in dünne Scheiben schneiden. Die Aprikosen waschen und halbieren, dabei die Steine entfernen. Die Hälften in dünne Spalten schneiden. Den Sesam in einer Pfanne ohne Fett goldbraun rösten. Die Kräuter abbrausen und trocken schütteln, die Blätter abzupfen und grob hacken.

3. Für die Marinade den Ingwer schälen und mit den Pfefferbeeren sehr fein hacken. Das Öl in einer Pfanne erhitzen, Ingwer und Pfefferbeeren darin 1 Min. dünsten. Den Zitronensaft, 3 EL Wasser und den Honig zum Ingwer-Pfefferbeeren-Öl geben. Die Marinade mit Salz und Pfeffer kräftig würzen, über die Kartoffeln gießen und gut mischen. Zwiebeln, Aprikosen, Sesam und Kräuter unter den Kartoffelsalat mischen.

4. Den Oktopus aus der Form stürzen und mit einem scharfen Messer in ½ cm dicke Scheiben schneiden (3), salzen und mit wenig Mehl bestäuben. Das Öl in einer Pfanne erhitzen und die Oktopusscheiben bei großer Hitze auf beiden Seiten goldbraun braten (4). Behutsam auf Teller heben und mit dem Sommerkartoffelsalat servieren.

1

2

3

4

Süßes und Gebäck

Quittensaft und Quittenpüree
Quitten-Joghurt-Mousse
Zitronen-Joghurt mit Erdbeeren
Haselnuss-Semifreddo mit Limoncello
Rumtopf mit Gartenfrüchten
Rumtopf-Parfait mit Mandelkrokant
Schokoeis-Törtchen mit Himbeersauce
Quarkpudding mit Kirschragout
Mohn-Milchreis mit karamellisierten Birnen
Marillenkompott mit Vanille und Kardamom
Schwarze Nüsse im Gewürzsud
Getrocknete Äpfel oder Zwetschgen aus dem Dörrgerät
Apfelstrudel mit Pinienkernen und Rosinen
Powidl mit Zimt und Portwein
Millirahmstrudel mit Powidl-Füllung
Mandelkuchen mit Mandarinensirup
Cannelés de Bordeaux mit Schwarzen Johannisbeeren

Quitten-Kult

Sie sind die goldenen Äpfel der Aphrodite. Ebenso wie die antike Göttin sollen Quitten Liebe, Fruchtbarkeit, Klugheit und ewige Schönheit spenden. Grund genug, um sich den fast in Vergessenheit geratenen Früchten zu widmen.

Leider haben es Quitten schwer in einer Welt, in der alles einfach und schnell gehen soll. Zwar riechen wir ihren betörenden Duft sofort, doch um die Früchte wirklich zu genießen, reicht es nicht hineinzubeißen wie in einen Apfel. Zuerst müssen sie abgerieben werden, um den zarten Flaum zu entfernen, der viele Sorten überzieht. Dann muss man Quitten schneiden, dazu braucht es etwas Kraft und ein großes Messer. Und schließlich müssen Quitten in die Pfanne oder den Kochtopf, denn fast alle Sorten schmecken roh viel zu herb. Doch sind diese Hürden einmal überwunden, erwartet uns das köstliche volle Aroma einer wunderbaren Frucht. Glücklich ist jeder, der einen Quittenbaum sein Eigen nennt! Doch auch ohne eigenen Baum muss niemand Quitten kaufen: Die meisten Bäume werden leider nicht mehr bewirtschaftet. Ihre Besitzer sind froh, wenn sich jemand findet, der die Früchte erntet. Meist reichen ein Spaziergang in einer älteren Wohngegend und ein paar freundliche Worte am Gartenzaun, um einen passenden Baum zu finden. Es gibt aber auch eine Webseite (mundraub.org), auf der Obstbäume verzeichnet sind, deren Früchte jeder ernten darf.

Selbst gekochter Quittensaft

Selbst gekochter Quittensaft (siehe S. 208) schlägt den gekauften, meist roh gepressten Quittensaft um Längen. Denn erst durch das Kochen entfaltet der Saft sein volles Aroma und schmeckt ein wenig cremig. Wenn Sie dann noch vermeiden, die zerkleinerten Quitten in Zitronensaft zu wenden (was in vielen Rezepten empfohlen wird, damit die Früchte nicht braun werden), brauchen Sie dem Saft nur wenig – oder sogar überhaupt keinen – Zucker mehr hinzuzufügen.

Quittensaft
und Quittenpüree

AUFWAND: ★★★★
ZUBEREITUNGSZEIT: ca. 30 Min.
GARZEIT: ca. 1 Std.
ABTROPFZEIT: ca. 1 Std.

ZUTATEN FÜR CA. 3 L SAFT UND CA. 2 L PÜREE:
5 kg Quitten
1–2 Vanilleschote(n)

1. Für den Saft den Flaum von den Quitten abreiben. Die Früchte waschen, vierteln und die Kerngehäuse entfernen. Die Viertel mit einem Brotmesser quer in fingerdicke Scheiben schneiden. Die Vanilleschote(n) längs halbieren und das Mark herauskratzen (1). Die Quitten mit Vanilleschote und -mark in einem Topf mit etwa 5 l Wasser knapp bedecken und kochen lassen, bis sie zu zerfallen beginnen (das dauert etwa 45 Min., wobei die Garzeit je nach Quittensorte stark schwankt; 2). Ein Nudelsieb mit einem feuchten Passiertuch auslegen und auf einen Topf stellen. Die Quitten in das Sieb gießen und den Saft ablaufen lassen (das dauert etwa 1 Std.).

2. Für das Püree die abgetropften Quittenstücke durch die Flotte Lotte passieren (3). Das Püree mit etwas Quittensaft cremig rühren und in etwa 6 gleich große Schraub- oder Weckgläser (je ca. 330 ml Inhalt) füllen. Einen breiten Topf mit einem Küchentuch auslegen. Die Gläser in den Topf stellen, bis knapp unter Deckelhöhe heißes Wasser einfüllen und zum Kochen bringen. Sobald Luftblasen in den Gläsern aufsteigen, das Püree 20 Min. köcheln lassen (sterilisieren). Die Gläser herausheben und abkühlen lassen. Mit dem Püree kann man eine leckere Mousse zubereiten (siehe unten), es eignet sich aber auch gut zum Abschmecken von Schmorsaucen.

3. Den Quittensaft erhitzen, in etwa 6 gleich große Flaschen oder Gläser (je ca. ½ l Inhalt) füllen und wie das Püree in einem Topf sterilisieren. Kühl und dunkel gelagert, halten Quittensaft und -püree bis zu 1 Jahr (4).

Quitten-Joghurt-Mousse *(siehe Foto S. 207)*

Für 6–8 Portionen: 2 Blatt Gelatine in kaltem Wasser einweichen. 2 Eier und 3 EL Zucker mit 4 cl Quittensaft (oder Quittenbrand) in einer kleinen Metallschüssel über einem kochenden Wasserbad dickschaumig aufschlagen. Die Gelatine ausdrücken und in der heißen Eimasse auflösen. 150 g Quittenpüree unterrühren und abkühlen lassen. Sobald die Creme etwas fester wird, 200 g geschlagene Sahne mit 200 g Naturjoghurt untermischen. Die Sahnecreme in Gläser füllen und etwa 4 Std. kühl stellen. Vor dem Servieren grob gehackte Zartbitterkuvertüre oder -schokolade auf der Creme verteilen. Die Quitten-Joghurt-Mousse nach Belieben mit in Butter gebratenenen Quittenspalten garnieren.

1

2

4

Zitronen-Joghurt
mit Erdbeeren

AUFWAND: ★★★★
ZUBEREITUNGSZEIT: ca. 40 Min.
RUHEZEIT: ca. 10 Std.
PRO PORTION: ca. 435 kcal

ZUTATEN FÜR 6 PERSONEN:
3 Bio-Zitronen
6 Eigelb (M)
200 g Zucker
180 g Crème fraîche
ca. ¾ l Milch
150 g Naturjoghurt
(mit Lactobacillus bulgaricus)
350 g Erdbeeren

1. Die Zitronen heiß waschen und abtrocknen, die Schalen abreiben und den Saft auspressen. Zitronensaft und -schale mit den Eigelben, dem Zucker und der Crème fraîche in einer Metallschüssel verrühren. Die Creme über einem kochenden Wasserbad mit dem Schneebesen rühren, bis sie dicklich wird. Anschließend in eine zweite Schüssel umfüllen und zugedeckt auf Handwärme (37°) abkühlen lassen. Die Zitronencreme in 6 heiß ausgespülte Schraubgläser (je ca. 200 ml) füllen, verschließen und die Gläser in eine Kühl- oder Styroporbox stellen.

2. In einem Topf 700 ml Milch bei kleiner Hitze auf 50° erwärmen (mit einem Küchenthermometer kontrollieren). Vom Herd nehmen und den Joghurt unterrühren. Die Milchmischung sollte etwa 44° warm sein, eventuell also noch bei kleiner Hitze leicht erwärmen. Falls die Temperatur höher ist, sofort etwas kalte Milch untermischen (Joghurtkeime vertragen keine große Hitze!).

3. Die Zitronencreme aus der Box nehmen und die Gläser öffnen. Die Gläser schräg halten und die Joghurtmilch vorsichtig über die Glaswand einlaufen lassen, sodass sich Creme und Joghurtmilch möglichst wenig mischen. Die Gläser sollten etwa zu zwei Dritteln gefüllt sein. Anschließend die Gläser verschließen, wieder in die Kühlbox stellen und ein doppelt gefaltetes Küchentuch darüberlegen. Eine Wärmflasche mit sehr heißem Wasser füllen, in die Kühlbox auf die Gläser legen und die Box verschließen. Den Joghurt etwa 10 Std. – am besten über Nacht – ruhen lassen.

4. Zum Servieren die Erdbeeren waschen, putzen und in gleich große Spalten schneiden. Die Früchte auf dem Joghurt verteilen.

Joghurt aus der Box

Für die Herstellung von Joghurt gibt es elektrische Joghurtbereiter oder Sie können die Gläser 10 Std. in den 40° warmen Backofen stellen. Aber dieser ganze Energieaufwand ist nicht nötig, denn Joghurt gelingt garantiert nach der im Rezept beschriebenen Methode. Falls Sie keine Kühlbox besitzen, stellen Sie die Gläser einfach in einen Pappkarton und wickeln diesen in eine Bettdecke.

Haselnuss-Semifreddo
mit Limoncello

AUFWAND: ★★★★
ZUBEREITUNGSZEIT: ca. 45 Min.
GEFRIERZEIT: ca. 4 Std.
PRO PORTION: ca. 200 kcal

ZUTATEN FÜR CA. 12 PERSONEN:
75 g Zucker
50 g Haselnusskerne
1 Ei (M)
2 Eigelb (M)
65 ml Limoncello
(ital. Zitronenlikör; siehe Tipp)
500 g Sahne

1. In einem Topf 25 g Zucker mit 2 EL Wasser hellbraun karamellisieren lassen (dabei möglichst nicht umrühren). Die Haselnüsse untermischen, die Masse auf Backpapier verteilen und abkühlen lassen. Die karamellisierten Nüsse grob hacken. Eine Kastenform oder eine Gefrierbox mit etwa ¾ l Inhalt ins Tiefkühlfach stellen.

2. Das Ei, die Eigelbe, den restlichen Zucker und den Limoncello in einer Metallschüssel über einem kochenden Wasserbad mit dem Schneebesen oder dem elektrischen Handrührgerät dickschaumig aufschlagen. Das Spülbecken mit sehr kaltem Wasser füllen, die Schüssel hineinstellen und die Creme gelegentlich umrühren, bis sie abgekühlt ist.

3. Die Sahne steif schlagen und mit den gehackten Nüssen unter die Creme heben. Die Sahnecreme in die eisgekühlte Form füllen und im Tiefkühlfach mindestens 4 Std. gefrieren lassen.

4. Vor dem Servieren die Form kurz in heißes Wasser tauchen. Das Haselnuss-Semifreddo stürzen und in Scheiben schneiden.

Limoncello selbst gemacht

Der italienische Zitronenlikör Limoncello eignet sich zum Verfeinern von Desserts und ist mit Eis ein erfrischender Digestif. Wer Limoncello selbst machen möchte, hier ist das Rezept: 10 Bio-Zitronen heiß waschen, abtrocknen und die Schalen mit einem Messer dünn abschälen. Die Zitronenschalen mit 2 Flaschen Wodka (je ¾ l) in großen Einmachgläsern oder Flaschen mit weitem Hals mischen und 3 Wochen ziehen lassen. Dann 400 g Zucker mit 200 ml Wasser aufkochen und vollständig abkühlen lassen. Den Zuckersirup mit dem Zitronen-Wodka mischen und mindestens 1 Woche ziehen lassen. Kühl und dunkel gelagert, ist Limoncello einige Jahre haltbar.

Rumtopf
mit Gartenfrüchten

AUFWAND: ★★★
ZUBEREITUNGSZEIT: insgesamt ca. 1 Std.
REIFEZEIT: ca. 5 Monate
RUHEZEIT: ca. 6 Wochen

ZUTATEN FÜR CA. 5 L:

Erster Ansatz:
500 g Erdbeeren
500 g Zucker
3/4 l Rum (54 oder 80 % Vol.; siehe Tipp)

Außerdem:
250 g Kirschen (entsteint)
250 g Mirabellen (entsteint)
250 g Pfirsiche (oder Aprikosen; entsteint)
250 g Himbeeren (oder Stachelbeeren)
250 g Pflaumen (oder Zwetschgen; entsteint)
250 g Brombeeren
250 g Äpfel (oder Birnen)
250 g Quitten
1 kg Zucker
1 1/2 l Rum (54 oder 80 % Vol.)

1. Im Frühsommer beginnt die Rumtopfsaison mit den Erdbeeren. Für den ersten Ansatz die Erdbeeren waschen und sehr gut abtropfen lassen, putzen und mit Zucker und Rum in ein großes Steingut- oder Porzellangefäß geben. Den Deckel auflegen und den Rumtopf in einem kühlen Raum lagern. In den nächsten Tagen gelegentlich umrühren, der Zucker sollte sich nach und nach auflösen. Die Früchte müssen immer fingerbreit mit Rum bedeckt sein. Falls nicht, noch etwas Rum dazugeben. Und falls Früchte oben schwimmen, diese mit einem Teller beschweren.

2. Im Laufe des Jahres immer wieder die Früchte der Saison für den Rumtopf vorbereiten. Dafür große Früchte wie Pfirsiche oder Aprikosen in breite Spalten oder in Würfel schneiden. Pflaumen halbieren oder vierteln. Äpfel, feste Birnen und Quitten in Würfel schneiden, jeweils mit 2 EL Wasser in 2–3 Min. sehr bissfest dünsten und abkühlen lassen. Mit jeder Fruchtsorte 125 g Zucker und so viel Rum in den Rumtopf geben, dass die Früchte bedeckt sind.

3. Nachdem die letzten Früchte dazugekommen sind, alles 4–6 Wochen durchziehen lassen. Servieren Sie den Rumtopf zu Eis, bereiten Sie daraus ein Eisparfait zu (siehe S. 216) oder genießen Sie ihn pur. Mit Sekt können Sie Rumtopf zu einer Bowle aufgießen – perfekt für die Silvester-Party.

Rum und Zucker

Je stärker der Rum, desto weniger Zucker benötigen Sie, um den Rumtopf zu konservieren. Als Faustregel gilt: Bei Rum mit 54 % Vol. Alkohol etwas mehr als die Hälfte des Fruchtgewichts an Zucker dazugeben, bei Rum mit 80 % Vol. darf es etwas weniger sein. Falls der Rumtopf zwischendurch zu gären beginnt (das kann daran liegen, dass ein Teil der Früchte ungewöhnlich viel Wasser enthält), geben Sie einen kräftigen Schuss 80 %-igen Rum oder reinen Alkohol aus der Apotheke dazu. Deshalb den Rumtopf regelmäßig kontrollieren, vor allem wenn Sie neue Früchte hinzugefügt haben.

Rumtopf-Parfait
mit Mandelkrokant

AUFWAND: ★★★★
ZUBEREITUNGSZEIT: ca. 40 Min.
GEFRIERZEIT: ca. 4 Std.
PRO PORTION: ca. 615 kcal

ZUTATEN FÜR 10 PERSONEN:

Für das Parfait:
500 g Rumtopffrüchte (siehe S. 214)
1 Ei (M) | 2 Eigelb (M)
2 EL Zucker
6 cl Rumtopfflüssigkeit (siehe S. 214)
½ TL gemahlener Piment
1 Msp. gemahlener Pfeffer
500 g Sahne
etwas Öl zum Schneiden

Für den Krokant:
100 g Sahne
150 g Zucker
100 g Butter
2 EL Honig
50 g Orangeat
150 g Mandelblättchen

1. Für das Parfait 10 Portionsförmchen (je ca. 150 ml) im Tiefkühlfach kalt stellen. 200 g Rumtopffrüchte abwiegen, den Rest für die Deko aufbewahren. Das Ei, die Eigelbe und den Zucker in einer Metallschüssel über einem kochenden Wasserbad mit dem Schneebesen oder dem elektrischen Handrührgerät dickschaumig schlagen. Das Spülbecken mit kaltem Wasser füllen, die Schüssel hineinstellen und die Creme weiterschlagen, bis sie lauwarm abgekühlt ist. Rumtopfflüssigkeit, Piment, Pfeffer und die Rumtopffrüchte unterziehen. Die Sahne mit dem elektrischen Handrührgerät steif schlagen und unter die Creme heben. Die Parfaitmasse in die eisgekühlten Förmchen füllen und im Tiefkühlfach mindestens 4 Std. gefrieren lassen.

2. In der Zwischenzeit für den Krokant die Sahne mit Zucker, Butter und Honig in einen kleinen Topf geben und in etwa 5 Min. sirupartig einkochen lassen. Prüfen Sie die Konsistenz der Sahnemischung, indem Sie mit einem Teelöffel eine kleine Menge abnehmen und kurz in kaltes Wasser halten. Anschließend sollten Sie die Masse zu einem Faden ziehen können. Das Orangeat fein hacken und mit den Mandelblättchen unter die Sahnemischung ziehen.

3. Den Backofen auf 200° (180° Umluft) vorheizen. Die Mandelmasse gleichmäßig auf ein mit Backpapier ausgelegtes Backblech streichen und im Ofen (Mitte) in 12–15 Min. goldbraun backen. Die Krokantplatte aus dem Ofen nehmen, auf ein Brett stürzen und das Papier abziehen. Den Mandelkrokant sofort mit einem leicht geölten großen Messer in 2 x 10 cm große Streifen schneiden, dabei nach jedem Schnitt abwischen. Nach Belieben können Sie die Krokantplatte auch zuerst abkühlen lassen und anschließend in unregelmäßige Stücke brechen.

4. Zum Servieren die Förmchen kurz in heißes Wasser tauchen und das Parfait auf Teller stürzen. Das Rumtopf-Parfait mit den restlichen Rumtopffrüchten und dem Mandelkrokant anrichten.

Cremiger Eisgenuss

Fast jedes selbst gemachte Speiseeis wird nach wenigen Stunden im Tiefkühlfach viel zu hart. Die Eistörtchen im folgenden Rezept müsen Sie vor dem Servieren nur kurz temperieren, denn durch einem kleinen Trick gefrieren sie nicht sehr fest.

Warum ist es eigentlich so schwierig, selbst gemachtes Eis zu lagern? Wasser gefriert bei null Grad, es bilden sich große Kristalle und es entsteht ein fester Eisblock. Feines Speiseeis enthält dagegen nur winzige Eiskristalle, die in einer Mischung aus nicht gefrorenen Zutaten schwimmen: Die Masse ist zwar fest, aber nicht steinhart. Geschmackszutaten, Zuckersirup, Fett aus der Sahne und Emulgatoren aus den Eigelben bilden eine zähe Creme, die verhindert, dass zu große Eiskristalle entstehen. Vor allem der Zuckergehalt regelt dabei den Punkt, an dem das Eis ganz fest wird. Ein Eis, das im Tiefkühlfach bei −18 Grad noch cremig bleibt, wäre viel zu süß. Eisdielen lagern ihr Eis deshalb deutlich wärmer. Und das Eis, das wir im Supermarkt kaufen, enthält Zuckersorten, die weniger süß schmecken, als sie tatsächlich sind, stärkere Emulgatoren und andere Hilfsmittel. Zu Hause können Sie Eis in einer Eismaschine cremig frieren und genießen, bevor es ganz hart wird. Oder Sie bereiten die zartschmelzenden Eistörtchen von Seite 220 zu. Sie enthalten einen Schuss Rum, denn auch Alkohol senkt den Gefrierpunkt. Die Törtchen sind dadurch cremig, ohne dass man viel Zucker bräuchte.

Schokolade ist nicht gleich Schokolade

Schokolade und Eis sind eine Kombination, die Groß und Klein dahinschmelzen lässt. Für die Schokoeis-Törtchen von S. 220 wird Kuvertüre verwendet. Sie können zwar genauso gut Schokolade nehmen, doch Kuvertüre ist oft hochwertiger. Grundsätzlich gilt sowohl für Kuvertüre als auch für Schokolade: Je höher der Kakaogehalt, desto wertvoller ist das Produkt. Das liegt daran, dass Kakao und Kakaobutter teurer sind als die anderen Bestandteile Milchpulver und Zucker.

Schokoeis-Törtchen

mit Himbeersauce (siehe Foto S. 219)

AUFWAND: ★★★★
ZUBEREITUNGSZEIT: ca. 1 Std. 10 Min.
GEFRIERZEIT: ca. 4 Std.
PRO PORTION: ca. 405 kcal

ZUTATEN FÜR 12 PERSONEN:
Für den Biskuit:
30 g Zartbitterkuvertüre
75 g Butter | 6 Eier (M)
90 g Zucker | 40 g Mehl
Für das Parfait:
140 g Zartbitterkuvertüre
3 Eigelb (M) | 40 g Zucker
1 lauwarmer Espresso (2 cl)
8 cl Rum
500 g Sahne
Für die Sauce und Deko:
500 g Himbeeren (oder Erdbeeren)
1 TL Zitronensaft
2 EL Puderzucker
Kakaopulver zum Bestäuben

1. Für den Biskuit den Backofen auf 175° (Umluft ist nicht geeignet) vorheizen. Die Kuvertüre hacken und mit der Butter in einem Topf bei kleiner Hitze schmelzen lassen. Die Eier trennen. Die Eiweiße mit dem Zucker steif schlagen. Die Eigelbe mit einer Gabel verrühren und unter den Eischnee ziehen, das Mehl daraufsieben und unterheben. Die Schokoladen-Butter-Mischung in die Eimasse fließen lassen und ebenfalls unterheben. Den Teig auf einem mit Backpapier ausgelegten Blech verteilen, glatt streichen und im Ofen (Mitte) etwa 12 Min. backen. Den Biskuit kurz ruhen lassen, mit dem Backpapier vom Blech ziehen und auf einem Gitter abkühlen lassen. Mit einem Ausstecher oder Glas (ca. 7 cm Ø) 12 Kreise ausstechen (1).

2. Für das Parfait die Kuvertüre hacken, in einer Metallschüssel über einem kochenden Wasserbad schmelzen lassen und beiseitestellen. Die Eigelbe mit dem Zucker und Espresso in einer zweiten Schüssel verrühren und über dem Wasserbad mit dem Schneebesen oder dem elektrischen Handrührgerät dickschaumig aufschlagen. Die Schüssel vom Wasserbad nehmen und die Masse 15 Sek. weiterschlagen, dann die Kuvertüre und die Hälfte des Rums untermischen. Die Schokomasse kurz abkühlen lassen, dabei gelegentlich umrühren. Die Sahne steif schlagen und unter die Schokomasse ziehen (2). Die Parfaitmasse auf ein Muffinblech mit 12 Mulden (etwa 7 cm Ø) verteilen. Die Biskuitböden mit dem restlichen Rum beträufeln und auf die Parfaitmasse legen, dabei leicht andrücken (3). Die Törtchen im Tiefkühlfach mindestens 4 Std. gefrieren lassen.

3. Für die Sauce 150 g Himbeeren mit dem Zitronensaft und 1 EL Puderzucker in einem hohen Gefäß mit dem Stabmixer pürieren. Die Himbeersauce durch ein feines Sieb streichen, um die Kerne zu entfernen. Die Muffinförmchen kurz in heißes Wasser tauchen. Mit einer Gabel jeweils in die Törtchen stechen und diese mit einer Drehbewegung vorsichtig aus den Mulden lösen (4). Die Schokoeis-Törtchen auf Teller setzen und einige Minuten nach Belieben im Kühlschrank temperieren. Dann mit dem restlichen Puderzucker und Kakao bestäuben und mit der Himbeersauce und den restlichen Himbeeren anrichten.

1

2

4

Quarkpudding
mit Kirschragout

AUFWAND: ★★★
ZUBEREITUNGSZEIT: ca. 40 Min.
BACKZEIT: ca. 40 Min.
PRO PORTION: ca. 450 kcal

ZUTATEN FÜR 6 PERSONEN:

Für das Kirschragout:
350 g Süßkirschen
1 EL Butter
1 TL Zucker
3 EL Portwein
2 Zweige Thymian

Für den Quarkpudding:
60 g gehäutete Mandeln
2 EL Zucker
120 g Butter + etwas Butter für die Formen
½ Vanilleschote
90 g Puderzucker
+ etwas Puderzucker zum Bestäuben
5 Eier (M)
100 g Quark (20 % Fett)
30 g Mehl

1. Für das Kirschragout die Kirschen waschen und die Stiele abzupfen, die Früchte halbieren und die Kerne herauslösen. In einer Pfanne die Butter zerlassen. Die Kirschen und den Zucker dazugeben und 2 Min. dünsten. Mit dem Portwein ablöschen und die Flüssigkeit einkochen lassen. Den Thymian abbrausen und trocken schütteln, die Blättchen abstreifen und unter die Kirschen rühren. Das Kirschragout in eine Schüssel geben und abkühlen lassen.

2. Für den Quarkpudding die Mandeln grob hacken. Den Zucker mit 2 EL Wasser in eine kleine Pfanne geben und goldbraun karamellisieren lassen. Die Mandeln mit 1 TL Butter zum Karamell geben und untermischen. Die Mandelmasse auf Backpapier flach verstreichen und abkühlen lassen. Dann in Stücke brechen und im Blitzhacker grob hacken.

3. Den Backofen mit einem tiefen Backblech auf 190° (besser: 170° Umluft) vorheizen. Die Vanilleschote längs halbieren und das Mark herauskratzen. Das Vanillemark mit der restlichen Butter und dem Puderzucker in eine Rührschüssel geben und mit dem elektrischen Handrührgerät in etwa 5 Min. cremig schlagen. Die Eier trennen und die Eigelbe nach und nach unter die Butter-Zucker-Masse rühren. Dann den Quark untermischen. Die zerstoßenen Mandeln mit dem Mehl mischen und unter die Eimasse rühren. Die Eiweiße mit dem elektrischen Handrührgerät nicht ganz steif schlagen und unter die Mandelmasse heben. 6 ofenfeste Gläser (je etwa 150 ml) leicht mit Butter einfetten. In jedes Glas einen Streifen Backpapier geben, der etwas höher als die Gläser ist und rundherum über den Rand hinausragt.

4. Die Quarkmasse auf die Gläser verteilen und die Gläser auf das Blech im Ofen setzen. So viel kochendes Wasser angießen, dass die Formen etwa 2 cm hoch im Wasser stehen. Die Puddinge 35–40 Min. stocken lassen, dabei nach 10 Min. die Backofentemperatur auf 170° (besser: 150° Umluft) reduzieren. Die Quarkpuddinge aus dem Ofen nehmen, mit Puderzucker bestäuben und heiß oder lauwarm mit dem Kirschragout servieren.

Pudding und Koch

Pudding kam nicht immer aus dem Päckchen, früher wurde er mit Eiern gebunden und in großen Formen im Wasserbad gegart. Dieser kleine Quarkpudding ist eine locker-leichte Version des alten Rezepts. In Österreich nennt man solche feinen Puddinge »Koch«. Unser Quarkpudding ist also ein »Topfenkoch«, und auch der beliebte Mohr im Hemd ist ein Mitglied der Pudding-Familie.

Mohn-Milchreis
mit karamellisierten Birnen

AUFWAND: ★★★★
ZUBEREITUNGSZEIT: ca. 1 Std.
RUHEZEIT: ca. 1 Std.
PRO PORTION: ca. 565 kcal

ZUTATEN FÜR 4 PERSONEN:
Für den Milchreis:
200 g Risottoreis (z. B. Carnaroli)
Salz | 2 TL Butter
2 EL gemahlener Mohn
½ l Milch
2–3 EL Zucker
200 g Sahne
Für die Birnen:
½ Bio-Zitrone | 1 Birne
1–2 EL Zucker
Saft von 1 Orange (ca. 100 ml)
1 TL kalte Butter

1. Für den Milchreis den Reis mit 1 Prise Salz in einen Topf geben, mit Wasser bedecken und 10 Min. kochen lassen. Den Reis in ein Sieb abgießen. In einer Pfanne die Butter zerlassen und den Mohn darin 1 Min. rösten. Den Reis, die Milch und den Zucker dazugeben. Den Reis bei kleiner Hitze in 15 Min. fertig garen, dabei gelegentlich umrühren. Den Milchreis in eine Schüssel füllen und abkühlen lassen. Die Sahne mit dem elektrischen Handrührgerät steif schlagen und unter den abgekühlten Milchreis heben. Den Milchreis zugedeckt mindestens 1 Std. kühl stellen.

2. Für die Birnen die Zitrone heiß waschen und abtrocknen, die Schale abreiben und den Saft auspressen. Die Birne schälen und vierteln, das Kerngehäuse entfernen und die Viertel in schmale Spalten schneiden. Die Birnenspalten mit etwas Zitronensaft beträufeln.

3. Den Zucker mit 1–2 EL Wasser in einer Pfanne hellbraun karamellisieren lassen. Den Karamell mit dem restlichen Zitronensaft und dem Orangensaft ablöschen und die Zitronenschale dazugeben. Die Sauce sirupartig einkochen lassen. Die Butter einrühren und die Birnenspalten in der Sauce schwenken (falls die Birne nicht ganz weich war, einige Minuten köcheln lassen). Den Milchreis mit den Birnenspalten anrichten.

Für besondere Anlässe

Probieren Sie auch mal eine ungewöhnliche Milchreis-Variante mit Schwarzen Nüssen (siehe S. 228). Geben Sie dafür, wie oben beschrieben, den Reis mit 5 EL Schwarze-Nüsse-Sirup und 450 ml Milch in die Pfanne (auf den Zucker können Sie dann verzichten) und hobeln Sie vor dem Servieren 2 Schwarze Nüsse in feinen Scheiben über den Milchreis.

Marillenkompott
mit Vanille und Kardamom

AUFWAND: ★★★★
ZUBEREITUNGSZEIT: ca. 50 Min.
PRO GLAS: ca. 675 kcal
(bei 5 Gläsern)

ZUTATEN FÜR 4–5 GLÄSER
(JE 500 ML INHALT):
1 Bio-Zitrone
2 Bio-Orangen
1 TL Kardamomsamen
400 g Zucker
3/4 l Weißwein
1 Vanilleschote
3 kg Marillen (Aprikosen)

1. Die Zitrusfrüchte heiß waschen und abtrocknen, die Schalen abreiben und den Saft auspressen. Die Kardamomsamen im Mörser zerstoßen. Den Zucker mit 150 ml Wasser in einen Topf geben und karamellisieren lassen, dabei möglichst nicht umrühren. Den Karamell mit dem Zitronen- und Orangensaft ablöschen, den Wein und 650 ml Wasser angießen. Die Vanilleschote längs halbieren und das Mark herauskratzen. Vanilleschote und -mark mit dem Kardamom in den Topf geben. Den Gewürzfond aufkochen und bei kleiner Hitze etwa 20 Min. ziehen lassen.

2. In der Zwischenzeit die Marillen waschen, halbieren, entsteinen und in Schraub- oder Weckgläser schichten. Den heißen Gewürzfond durch ein Sieb über die Marillen in die Gläser gießen (bis 2 cm unter den Rand). Einen breiten Topf mit einem Küchentuch auslegen. Die Gläser in den Topf stellen, bis knapp unter Deckelhöhe heißes Wasser einfüllen und zum Kochen bringen. Sobald Luftblasen in den Gläsern aufsteigen, das Kompott 10 Min. köcheln lassen (sterilisieren). Dann die Gläser mit einem Schaumlöffel oder einer Grillzange herausheben und abkühlen lassen. Das Kompott hält sich kühl und dunkel gelagert etwa 1 Jahr.

Ein süßes Dream-Team: Knödel und Kompott

Die klassischen Begleiter zu Marillenkompott sind Grießknödel: Für 4 Personen 1/2 l Milch mit dem Mark von 1 Vanilleschote, 120 g Butter, 75 g Zucker und 1 Prise Salz in einem Topf aufkochen lassen. 150 g Hartweizengrieß einrühren und die Masse unter Rühren »abbrennen«, bis sie sich vom Topfboden löst. Die Masse in eine Schüssel füllen und nacheinander 2 Eier unterrühren. Die Grießmasse im Kühlschrank abkühlen lassen. In einem großen Topf reichlich Wasser mit 1 Prise Salz zum Kochen bringen. Aus der Grießmasse mit angefeuchteten Händen 12 Knödel formen und im Wasser bei kleiner Hitze in 10 Min. gar ziehen lassen. Die Grießknödel mit dem Schaumlöffel herausheben und abtropfen lassen, nach Belieben in Butterbröseln wälzen und mit Marillenkompott servieren.

Schwarze Nüsse
im Gewürzsud

AUFWAND: ★★★★
ZUBEREITUNGSZEIT: insgesamt ca. 2–3 Std.
RUHEZEITEN: 17 Tage
REIFEZEIT: ca. 6 Monate

ZUTATEN FÜR 2 GLÄSER (JE CA. 1 L INHALT):
1 kg unreife, grüne Walnüsse
1 Vanilleschote
1,2 kg Muscovadozucker (unbehandelter Rohrzucker)
300 ml Rotweinessig
2–3 Gewürznelken
1 EL Pimentkörner
2 Muskatblüten (Macis; oder 1/4 TL frisch geriebene Muskatnuss)
1/2 TL Salz

1. Die grünen Walnüsse waschen, abtrocknen und mit einer Rouladennadel rundherum einstechen (dazu am besten Einmalhandschuhe tragen, der Saft der Nüsse färbt die Finger schwarz). Die Nüsse in eine Schüssel geben und mit kaltem Wasser bedeckt an einem kühlen, dunklen Ort 2 Wochen ziehen lassen, dabei täglich das Wasser wechseln.

2. Dann die Nüsse abgießen, in einen Topf geben und mit kaltem Wasser bedeckt 30 Min. kochen lassen. Die Nüsse in ein Sieb abgießen, kalt abschrecken und abtropfen lassen. Die Vanilleschote längs aufschneiden und das Mark herauskratzen. In einem Topf 900 ml Wasser mit Vanilleschote und -mark, 1 kg Zucker, Essig, Gewürzen und Salz erhitzen. Die Mischung kochen lassen, bis sich der Zucker aufgelöst hat. Etwas abkühlen lassen, den Gewürzsirup mit den Nüssen mischen und 1 Tag ziehen lassen.

3. Den Sirup in einen Topf gießen, 100 g Zucker dazugeben und etwas einkochen lassen. Den Sirup wieder über die Nüsse geben und nochmals 1 Tag ziehen lassen. Den Vorgang ein weiteres Mal wiederholen. Dann die Nüsse mit dem Sirup in einen Topf geben und 5 Min. kochen lassen. Abkühlen lassen, in Schraub- oder Weckgläser füllen, verschließen und 45 Min. sterilisieren (siehe S. 226). Die Nüsse mindestens 6 Monate reifen lassen. Sie sind 6 Monate haltbar, passen pur zu Käse, als Beilage zu Fleisch (vor allem zu Wild) und geben Desserts ein ganz besonderes Aroma (siehe unten).

Schwarze-Nüsse-Eis

Aus der Mitte von 6–8 Schwarzen Nüssen etwa 20 Scheiben schneiden, den Rest grob hacken. 600 ml Milch mit 200 g Sahne aufkochen lassen. 10 Eigelbe und 150 g Zucker über einem Wasserbad verrühren. Die heiße Milch unter Rühren dazugießen und »zur Rose abziehen«. Dafür einen Holzlöffel in die Creme tauchen und über den Löffelrücken blasen: Wenn sich kleine Wellen bilden (wie Rosenblütenblätter), stimmt die Konsistenz. Die Eimasse durch ein Sieb gießen. Gehackte Nüsse und 500 g Buttermilch untermischen, mit Schwarze-Nüsse-Sirup abschmecken und in der Eismaschine gefrieren lassen. Das Eis mit den Nussscheiben anrichten.

Getrocknete Äpfel
oder Zwetschgen aus dem Dörrgerät

AUFWAND: ★★★
ZUBEREITUNGSZEIT: je ca. 10 Min.
TROCKENZEIT: ca. 5 Std. (Äpfel)
bzw. ca. 16 Std. (Zwetschgen)

ZUTATEN FÜR JE CA. 120 G TROCKENOBST:
1 Zitrone
1 kg säuerliche Äpfel
oder 1 kg reife Zwetschgen

Wintervorrat

Dörrgeräte sind vielseitig einsetzbar, z. B. um sich einen Wintervorrat an Kräutern, Gewürzen oder Tomaten anzulegen.
Kräuter: Legen Sie die abgebrausten und trocken geschüttelten Kräuter auf die Siebe und stellen Sie das Dörrgerät auf 40° ein. Nach 1–2 Std. sind die Kräuter trocken, noch kräftig grün und aromatisch.
Paprika- oder Chilipulver: Die halbierten oder geviertelten Schoten entkernen und auf die Siebe legen. Die Stücke bei 70° so lange trocknen, dass sie sich im Blitzhacker gut pulverisieren lassen.
Tomaten: Die gewaschenen Tomaten halbieren und die Kerne herausdrücken, die Hälften auf den Sieben des Dörrgeräts verteilen und bei 70° je nach Größe 8–10 Std. trocknen. Verwenden Sie fleischige Früchte, Kirschtomaten haben zuviel Haut im Verhältnis zum Fruchtfleisch.

1. Für getrocknete Äpfel die Zitrone halbieren, den Saft auspressen und in einen tiefen Teller geben. Die Äpfel waschen oder nach Belieben schälen. Mit dem Apfelausstecher die Kerngehäuse entfernen, die Äpfel in ½ cm dicke Scheiben schneiden und im Zitronensaft wenden. Die Apfelscheiben nebeneinander auf die Siebe eines Dörrgeräts legen und bei 70° in 4–5 Std. trocknen, dabei gelegentlich die Siebe tauschen, damit die Apfelringe gleichmäßig trocknen.

2. Die getrockneten Apfelringe noch warm von den Sieben heben. Sie wiegen etwa 12 % ihres Ausgangsgewichts, fühlen sich biegsam ledrig und äußerlich trocken an. Nach Belieben können Sie die Apfelringe auch knusprig trocknen: Dafür die Äpfel in 2 mm dünne Scheiben schneiden und vor dem Trocknen 10 Min. in mit Zimt, Vanille und Muskatblüte (Macis) aromatisierten Zuckersirup legen.
Getrocknete Apfelringe schmecken als gesunder Snack, im Frühstücksmüsli und geben Apfeldesserts und -kuchen einen zusätzlichen Aromakick (siehe Apfelstrudel auf S. 232).

3. Für getrocknete Zwetschgen die Früchte waschen, längs einschneiden und die Steine entfernen. Die Zwetschgen mit der Schnittstelle nach oben auf die Siebe eines Dörrgeräts verteilen und bei 70° in 12–16 Std. trocknen, dabei gelegentlich die Siebe tauschen, damit die Früchte gleichmäßig trocknen. Die getrockneten Zwetschgen noch warm von den Sieben abheben. Sie wiegen etwa 12 % ihres Ausgangsgewichts, fühlen sich noch weich, aber trocken an.
Getrocknete Zwetschgen können Sie wie getrocknete Apfelringe (siehe oben) verwenden, außerdem geben sie Schmorsaucen einen Hauch süßsaures Fruchtaroma und eine leichte Bindung.

Apfelstrudel
mit Pinienkernen und Rosinen

AUFWAND: ★★★★
ZUBEREITUNGSZEIT: ca. 1 Std.
RUHEZEIT: ca. 30 Min.
BACKZEIT: ca. 30 Min.
PRO PORTION: ca. 615 kcal
(bei 6 Personen)

ZUTATEN FÜR 1 STRUDEL
(CA. 35 CM LÄNGE):
Für den Strudelteig:
200 g Mehl + etwas Mehl
zum Ausziehen des Teigs
1 zimmerwarmes Eigelb (M)
Salz
2 EL Sonnenblumenöl
+ etwas Öl zum Bestreichen
Für die Füllung:
100 g getrocknete Apfelringe (siehe S. 230)
2 EL Rosinen | 6 cl Rum
1 kg aromatische Äpfel (z. B. Cox Orange)
1 Bio-Zitrone
50 g Pinienkerne
100 g Zucker
100 g Butter
+ etwas Butter für das Blech
4 EL Semmelbrösel (oder im Blitzhacker
zerkleinertes altbackenes Weißbrot)
100 g saure Sahne
Puderzucker zum Bestäuben

1. Für den Strudelteig Mehl, Eigelb, 1 Prise Salz, Öl und 75 ml lauwarmes Wasser in einer Schüssel verkneten. Den Teig auf der Arbeitsfläche 5 Min. kräftig durchkneten, zu einer Kugel formen und mit kreisenden Bewegungen »schleifen« (siehe S. 236), bis die Oberfläche samtig glatt ist. Den Teig mit wenig Öl bestreichen und mit Klarsichtfolie bedeckt bei Zimmertemperatur mindestens 30 Min. ruhen lassen.

2. Für die Füllung die Apfelringe hacken und mit den Rosinen und dem Rum mischen. Die Äpfel schälen und vierteln, die Kerngehäuse entfernen und die Viertel in Scheiben schneiden. Die Zitrone heiß waschen und abtrocknen, die Schale abreiben und den Saft auspressen. Zitronensaft und -schale mit den Apfelscheiben mischen. Die Pinienkerne in einer Pfanne ohne Fett hellbraun rösten, mit der Apfel-Rum-Mischung und dem Zucker unter die Apfelscheiben mischen.

3. Den Backofen auf 200° vorheizen. Ein großes Küchentuch ausbreiten und mit Mehl bestäuben. Den Teig darauf zu einem Rechteck ausrollen und mit den bemehlten Handrücken vorsichtig zu allen Seiten ausziehen, bis er sehr dünn ist. Dicke Ränder abschneiden.

4. Die Butter in einem kleinen Topf zerlassen, den Teig damit bestreichen und mit den Semmelbröseln bestreuen. Die Füllung auf einer Längsseite des Teigs im unteren Drittel verteilen. Die saure Sahne daraufgeben. Den Strudel mithilfe des Tuchs locker aufrollen und mit der Naht nach unten auf ein mit Butter eingefettetes Backblech legen. Den Strudel mit Butter bestreichen und im Ofen (Mitte, 180° Umluft) in etwa 30 Min. goldbraun backen. Während des Backens noch zwei- oder dreimal mit Butter bestreichen. Den Strudel aus dem Ofen nehmen, etwas abkühlen lassen und mit Puderzucker bestreuen. Nach Belieben warm oder kalt servieren.

Powidl
mit Zimt und Portwein

AUFWAND: ★★★★
ZUBEREITUNGSZEIT: ca. 45 Min.
GARZEIT: ca. 3 Std. 15 Min.
PRO GLAS: ca. 395 kcal

ZUTATEN FÜR 5 GLÄSER (JE 200 ML INHALT):
2 ½ kg Zwetschgen
200 g getrocknete Zwetschgen (entsteint; siehe S. 230)
¼ l Portwein
1 Zimtstange

1. Die Zwetschgen waschen, halbieren, entsteinen und mit den getrockneten Zwetschgen, dem Portwein und der Zimtstange in einen großen Topf geben. Die Zwetschgen 30 Min. kochen lassen, dabei gelegentlich umrühren. Anschließend die Früchte in ein Sieb geben, über einem Topf abtropfen lassen und die Zimtstange entfernen. Den aufgefangenen Saft bei großer Hitze in etwa 10 Min. sirupartig einkochen lassen.

2. Den Backofen auf 170° (besser: 150° Umluft) vorheizen. Die Zwetschgen durch die Flotte Lotte passieren oder mit dem Stabmixer pürieren. Das Püree mit dem eingekochten Saft mischen und in eine ofenfeste Form füllen. Den Powidl im Ofen (Mitte) etwa 2 ½ Std. einkochen lassen, dabei anfangs gelegentlich, in den letzten 30 Min. häufiger umrühren.

3. Den Powidl in heiß ausgespülte Schraub- oder Weckgläser füllen und mit Deckeln verschließen. Einen breiten Topf mit einem Küchentuch auslegen. Die Gläser in den Topf stellen, bis knapp unter die Deckelhöhe heißes Wasser einfüllen und zum Kochen bringen. Sobald Luftblasen in den Gläsern aufsteigen, den Powidl 15 Min. köcheln lassen (sterilisieren). Dann die Gläser mit einem Schaumlöffel oder einer Grillzange herausheben und abkühlen lassen. Dunkel und kühl gelagert, hält sich Powidl mindestens 1 Jahr.

Mit fruchtiger Füllung: Zwetschgen-Pofesen

Ein Liebling der österreichischen Dessertküche sind Zwetschgen-Pofesen. Für 4 Personen von 2–3 altbackenen Brötchen Deckel und Boden dünn abschneiden. Die Brötchen in 1 cm dicke Scheiben schneiden. Die Hälfte der Scheiben mit 100–150 g Powidl bestreichen, jeweils 1 unbestrichene Scheibe darauflegen und die Powidl-Sandwiches leicht zusammendrücken. 300 ml Milch lauwarm erhitzen und 3 Eier in einem tiefen Teller verquirlen. Die Sandwiches zuerst in der Milch wenden, dann durch die Eier ziehen. In einer großen beschichteten Pfanne 4 EL Butter erhitzen und die Pofesen darin auf beiden Seiten goldbraun braten. Herausheben, auf Küchenpapier abtropfen lassen und mit 3 EL Zimtzucker bestreuen.

Strudelgeheimnisse

Vor 300 Jahren tauchten die ersten Rezepte für Millirahmstrudel in österreichischen Kochbüchern auf. Der Teig wurde mit etwas dickem Rahm bestrichen und eng aufgerollt. Inzwischen hat sich das Verhältnis von Füllung und Teig umgekehrt.

Der Millirahmstrudel war der letzte der klassischen kaiserlich-königlichen Strudel, an den ich mich herangewagt habe. Ich befürchtete nämlich, dass der Teig unter dem flüssigen Guss weich und labberig bleibt. Bleibt er aber nicht! Ich kann Ihnen daher nur empfehlen, den Millirahmstrudel in Ihr Repertoire aufzunehmen. Im folgenden Rezept bekommt die Füllung durch Powidl eine fein-fruchtige Note, sie schmeckt aber auch ohne das Zwetschgenmus sehr gut. Falls Sie bislang noch keinen Strudel gebacken haben, weil Sie denken, man müsse ein Profi sein, um den Teig papierdünn ausziehen zu können – auch dies ist kein Problem. Sie müssen den Teig einfach nur vorher »schleifen«: Dafür formen Sie eine Kugel aus dem Strudelteig, legen die Finger Ihrer beiden Hände im rechten Winkel übereinander und wölben die Hände zu einer Art umgedrehter Schale. Legen Sie die Hände so über die Teigkugel und bewegen Sie den Teig gleichmäßig kreisförmig, bis er eine glatte, samtige Oberfläche bekommt. Dabei darf kein (oder kaum) Mehl auf der Arbeitsfläche sein. Wichtig ist auch, dass alle Teigzutaten ungefähr die gleiche Temperatur haben, das Ei also nicht direkt aus dem Kühlschrank kommt und das Wasser lauwarm ist. Und damit sind alle Strudelgeheimnisse auch schon gelüftet ...

Varianten von Milli bis »Willi«

Strudel wird nie langweilig, denn Sie können ihn immer wieder abwandeln: Millirahmstrudel ohne Guss ist ein Topfenstrudel und aus einem Topfenstrudel wird ein Birnenstrudel, wenn Sie den Topfen durch 1 kg Birnen ersetzen. Dafür die Birnen vierteln, schälen, in Scheiben schneiden und mit etwas Zimt, Zitronensaft und abgeriebener -schale mischen.

Millirahmstrudel

mit Powidl-Füllung (siehe Foto S. 237)

AUFWAND: ★★★
ZUBEREITUNGSZEIT: ca. 1 Std.
BACKZEIT: ca. 50 Min.
PRO PORTION: ca. 435 kcal
(bei 6 Personen)

ZUTATEN FÜR 2 KLEINE STRUDEL (JE CA. 30 CM LÄNGE):

Für den Strudelteig:
200 g Mehl
+ etwas Mehl zum Bestäuben
1 zimmerwarmes Eigelb (M)
Salz
2 EL Sonnenblumenöl + etwas Öl zum Bestreichen

Für die Füllung:
½ Bio-Zitrone
175 g zimmerwarme Butter
+ etwas Butter für die Form
90 g Zucker | Salz
3 Eier (M) | 3 Eigelb (M)
300 g Magerquark
225 g saure Sahne
40 g Mehl
3 EL gemahlene Haselnüsse
100 g Powidl (Zwetschgenmus; siehe S. 234)

Für den Millirahmguss:
3 EL Zucker | 2 Eier (M)
125 ml Milch
125 g Sahne
Puderzucker zum Bestäuben

1. Für den Strudelteig Mehl, Eigelb, 1 Prise Salz, Öl und 75 ml lauwarmes Wasser in einer Schüssel verkneten. Den Teig auf der Arbeitsfläche 5 Min. kräftig durchkneten, zu einer Kugel formen und mit kreisenden Bewegungen »schleifen« (siehe S. 236), bis die Oberfläche samtig glatt ist. Den Teig mit wenig Öl bestreichen und mit Klarsichtfolie bedeckt bei Zimmertemperatur mindestens 30 Min. ruhen lassen.

2. Inzwischen für die Füllung die Zitrone heiß waschen, abtrocknen und die Schale abreiben. 90 g Butter mit 1 EL Zucker, 1 Prise Salz und der Zitronenschale 5 Min. in einer Schüssel mit dem elektrischen Handrührgerät dickschaumig aufschlagen. Die Eier trennen und die insgesamt 6 Eigelb nach und nach unter die Butter rühren. Den Quark in einem feuchten Passier- oder Küchentuch ausdrücken (1), mit der sauren Sahne unter die Eimasse rühren und das Mehl untermischen. Die Eiweiße mit 75 g Zucker steif schlagen und unter die Quarkmasse heben.

3. Den Backofen auf 160° vorheizen. Ein großes Küchentuch ausbreiten und mit Mehl bestäuben. Den Teig darauf zu einem Rechteck ausrollen und mit den bemehlten Handrücken vorsichtig zu allen Seiten ausziehen, bis er sehr dünn ist. Dicke Ränder abschneiden (2).

4. Die restliche Butter in einem Topf schmelzen lassen. Den Teig quer halbieren, mit Butter bestreichen und mit Nüssen bestreuen. Die Füllung jeweils auf einer Längsseite der Teigstücke im inneren Viertel verteilen. Den Powidl mit dem Spritzbeutel (oder einem Löffel) auf die Quarkstreifen geben. Die seitlichen Teigränder einschlagen und die Strudel mithilfe des Tuchs aufrollen (3). Eine große Auflaufform mit Butter einfetten, die Strudel mit der Naht nach unten hineinlegen und im Ofen (Mitte, 140° Umluft) in 45–50 Min. goldbraun backen.

5. Für den Millirahmguss den Zucker mit den Eiern verrühren. Milch und Sahne aufkochen lassen und unter Rühren zu den Eiern geben. Den Guss nach 25 Min. Backzeit über die Strudel gießen (4). Nach 40 Min. und am Ende der Backzeit die Strudel mit der restlichen Butter bestreichen. Zum Servieren mit Puderzucker bestäuben.

1

2

4

Mandelkuchen
mit Mandarinensirup

AUFWAND: ★★★★
ZUBEREITUNGSZEIT: ca. 40 Min.
BACKZEIT: ca. 30 Min.
RUHEZEIT: ca. 4 Std.
PRO PORTION: ca. 310 kcal

ZUTATEN FÜR 1 TARTEFORM (26–28 CM Ø), 12 STÜCK:

Für den Sirup:
800 g Bio-Mandarinen (oder Bio-Orangen)
1 Bio-Zitrone
5 Pimentkörner | 1 TL Chiliflocken
½ TL gemahlene Muskatblüte (Macis; oder ½ TL frisch geriebene Muskatnuss)
100 g Zucker

Für den Kuchen:
125 g gehäutete Mandeln
125 g zimmerwarme Butter + etwas Butter für die Form
100 g Zucker | 1 TL Vanillezucker
2 EL Honig | 2 Eigelb (M)
125 g Mehl
100 g Maismehl + etwas Maismehl für die Form

1. Für den Sirup die Zitrusfrüchte heiß waschen und abtrocknen. Die Schalen von 2–3 Mandarinen fein abreiben. Die Zitronenschale mit dem Sparschäler dünn abschälen. Die Mandarinen und die Zitrone auspressen. 300 ml Zitrussaft mit den Gewürzen und dem Zucker in einen Topf geben, aufkochen und bei kleiner Hitze 5 Min. kochen lassen. Den Sirup vom Herd nehmen und ziehen lassen.

2. Für den Kuchen den Backofen auf 160° (Umluft ist nicht geeignet) vorheizen. Die Mandeln in einer Pfanne ohne Fett rösten, bis sie zu duften beginnen, kurz abkühlen lassen und im Blitzhacker fein zerkleinern. Die Butter, den Zucker und den Vanillezucker mit dem elektrischen Handrührgerät in 5–10 Min. cremig rühren. Den Honig und die Eigelbe nacheinander unterrühren. Mehl, Maismehl und Mandeln nach und nach unter den Teig kneten.

3. Die Tarteform mit Butter einfetten und mit Maismehl bestäuben. Den Teig einfüllen und in die Form drücken. Den Kuchen im Ofen (Mitte) 25–30 Min. backen. Den Mandelkuchen aus dem Ofen nehmen und abkühlen lassen. Den Sirup durch ein Sieb gießen und auf dem Kuchen verteilen. Den Kuchen mindestens 4 Std. durchziehen lassen. Den Mandelkuchen nach Belieben mit Schlagsahne servieren.

Aromatischer Vorrat: Mandarinensirup

Mit dem Mandarinensirup können Sie auch Joghurts, Quarkspeisen oder Drinks aromatisieren. Stellen Sie deshalb gleich eine größere Menge her und füllen Sie den kochend heißen Sirup in saubere, am besten sterilisierte Flaschen (siehe S. 24). Sofort verschließen und den Mandarinensirup an einem kühlen, dunklen Ort aufbewahren (er hält mindestens 1 Jahr).

Cannelés de Bordeaux
mit Schwarzen Johannisbeeren

AUFWAND: ★★★★
ZUBEREITUNGSZEIT: insgesamt ca. 40 Min.
BACKZEIT: ca. 1 Std.
RUHEZEIT: ca. 12 Std.
PRO PORTION: ca. 255 kcal

FÜR 6 PERSONEN:
Für die Cannelés:
¼ l Milch
1 EL Butter + etwas Butter für die Formen
½ Vanilleschote | 50 g Mehl
125 g Puderzucker | Salz
1 Ei (M) | 1 Eigelb (M) | 1 TL Rum
Für die Johannisbeeren:
½ Bio-Orange
250 g Schwarze Johannisbeeren
3 EL Cassislikör (Johannisbeerlikör)
100 ml Kirschsaft | 1 EL brauner Zucker
je 1 Msp. gemahlener Pfeffer und Piment
1 Msp. frisch geriebene Muskatnuss
½ TL Speisestärke

Cannelés-Formen

Cannelés sind traditionelle französische Küchlein. Für diese Klassiker gibt es spezielle Formen aus Kupfer, aus denen sich die Küchlein allerdings nicht gut stürzen lassen. Praktischer sind Silikonformen. Neben den 6er-Formen, für die dieses Rezept berechnet ist, gibt es auch kleine 20er-Formen – die Teigmenge reicht dafür aus. Mini-Cannelés werden 10 Min. kürzer gebacken, dafür bei 180° (160° Umluft).

1. Am Vortag die Milch und die Butter in einem Topf zum Kochen bringen. Die Vanilleschote längs halbieren, das Mark auskratzen und zur Milch geben. Die Vanillemilch vom Herd nehmen. Das Mehl mit Puderzucker, 1 Prise Salz, Ei und Eigelb in einer Schüssel mit dem elektrischen Handrührgerät verrühren. Die Vanillemilch aufkochen lassen und mit dem Rum unter ständigem Rühren unter die Mehlmischung geben. Die Schüssel mit Klarsichtfolie bedecken und den Teig im Kühlschrank mindestens 12 Std. – am besten über Nacht – ruhen lassen.

2. Für die Johannisbeeren die Orange heiß waschen und abtrocknen, die Schale abreiben und zum Trocknen auf einen Teller geben. Die Orange auspressen. Die Johannisbeeren waschen, abtropfen lassen und von den Rispen streifen. Den Orangensaft mit Cassislikör, Kirschsaft, Zucker und den Gewürzen in einem Topf zum Kochen bringen. Die Stärke mit wenig kaltem Wasser anrühren und unter den Gewürzsud rühren, den Sud noch kurz weiterkochen, bis er andickt. Den Gewürzsud über die Johannisbeeren gießen, die Schüssel mit Klarsichtfolie bedecken und die Beeren im Kühlschrank mindestens 12 Std. – am besten über Nacht – ziehen lassen.

3. Am nächsten Tag den Backofen mit dem Ofengitter auf 240° (220° Umluft) vorheizen. 6 Cannelés-Förmchen (je 75–100 ml Inhalt) mit Butter einfetten (bei Silikonförmchen ist das nur beim ersten Gebrauch nötig). Die getrocknete Orangenschale sehr fein hacken und unter den Teig rühren. Den Teig auf die Förmchen verteilen (bis ½ cm unter den Rand). Die Küchlein auf den Gitterrost stellen und im Ofen (Mitte) 5 Min. backen, dann die Backofentemperatur auf 170° (150° Umluft) reduzieren und die Ofentür kurz öffnen. Die Cannelés in etwa 1 Std. dunkelgoldbraun backen (zuerst gehen die Törtchen stark auf, dann setzen sie sich wieder).

4. Die Johannisbeeren durchrühren. Die Cannelés noch warm aus den Förmchen stürzen und lauwarm oder abgekühlt mit dem Johannisbeerenragout servieren.

Register

Neben den Rezepten sind hier auch wichtige Sachbegriffe in alphabetischer Reihenfolge aufgelistet. Außerdem finden Sie die Rezepte auch unter ihren Hauptzutaten.

A

B

C

D

E

F

J

K

L

M

N

O

P

Q

R

S

T

W

Z

Danksagung und Bezugsadressen

Wir bedanken uns herzlich bei folgenden Firmen, die ihre Produkte für die Fotoproduktion zur Verfügung gestellt haben:

Atelier Berthold Hoffmann
Gusstöpfe und -pfannen
Inh. Berthold Hoffmann
Senefelder Straße 4 · 90409 Nürnberg
Tel./Fax: 0911/56 32 67
hoffmann@hoffmann-metallgefaesse.de

»Du long et du lé« sprl
Leinen
rue des Combattants, 15 · 5380 Noville les bois · Belgium
Tel.: +32/81 83/46 20
dulongetdule@hotmail.com

flow1ltd
Porzellan und Steinzeug
Rahlstedter Weg 114 · 22159 Hamburg
www.flow1ltd.blogspot.com
di@etlind.com

Das 7. Zimmer
Möbel und Antikes
Hegestraße 7 · 20251 Hamburg (Hoheluft-Ost)
Tel.: 040/47 46 48

Appetit auf mehr?

ISBN 978-3-8338-2198-1

ISBN 978-3-8338-2519-4

ISBN 978-3-8338-2203-2

ISBN 978-3-8338-2196-7

ISBN 978-3-8338-2165-3

ISBN 978-3-8338-2306-0

www.gu.de: Blättern Sie in unseren Büchern, entdecken Sie wertvolle Hintergrundinformationen sowie unsere Neuerscheinungen.

GU

Willkommen im Leben.

Impressum

Der Autor

Hans Gerlach, gelernter Koch und studierter Architekt, hat sich gemeinsam mit Susanna Bingemer mit dem Büro **food und text** in München auf die Produktion von Food-Themen spezialisiert. Er kochte mehrere Jahre in Sterne-Restaurants, bevor er durch seine Food-Kolumne im Magazin der Süddeutschen Zeitung bundesweit bekannt wurde. Hans Gerlachs besonderes Interesse gilt den Prozessen in der Küche, mit denen aus einfachen Zutaten feine Spezialitäten werden. Als Verfechter der Slow-Cooking-Philosophie hat er für dieses Buch eine spannende Mischung aus Klassikern und überraschend neuen Rezepten zusammengestellt – damit möglichst viele die Küche als Oase der Entschleunigung erleben und Kochen als sinnliches Erlebnis entdecken können.

Im Team von **food und text** spielt auch die junge Köchin und Foodstylistin **Maja Müller-Holve** eine wichtige Rolle: Sie ist verantwortlich für die Versuchsküche und hat auch einige eigene Ideen zu diesem Buch beigesteuert.

Die Fotografin

Julia Hoersch lebt als freie Fotografin in Hamburg. Sie arbeitet für renommierte Magazine, Agenturen und Buchverlage und erhielt dafür zahlreiche Auszeichnung. Eines ihrer Lieblingsthemen ist Food, wie die stimmungsvollen Fotos in diesem Buch beweisen. Gemeinsam mit **Petra Speckmann** (Foodstyling) und **Dietlind Wolf** (Styling und Requisite) hat sie Slow Cooking auch zu einem optischen Genuss gemacht.

Projektleitung: Kathrin Ullerich
Lektorat und Satz: Gertrud Köhn
Korrektorat: Petra Bachmann
Umschlag und Gestaltung: independent Medien-Design, Horst Moser, München
Herstellung: Susanne Mühldorfer
Repro: Longo AG, Bozen
Druck: Firmengruppe APPL, aprinta druck, Wemding
Bindung: Firmengruppe APPL, m.appl GmbH, Wemding

Bildnachweis

Alle Fotos: Julia Hoersch
Titelrezept: Kalbsbrust mit Kartoffeln und Tomaten (S. 182)
Syndication: www.jalag-syndication.de

ISBN 978-3-8338-2726-6
1. Auflage 2012

www.facebook.com/gu.verlag

Umwelthinweis:
Dieses Buch ist auf PEFC-zertifiziertem Papier aus nachhaltiger Waldwirtschaft gedruckt.

GRÄFE UND UNZER
Ein Unternehmen der
GANSKE VERLAGSGRUPPE

DAS ORIGINAL · GU · MIT GARANTIE

Unsere Garantie

Alle Informationen in diesem Ratgeber sind sorgfältig und gewissenhaft geprüft. Sollte dennoch einmal ein Fehler enthalten sein, schicken Sie uns das Buch mit dem entsprechenden Hinweis an unseren Leserservice zurück. Wir tauschen Ihnen den GU-Ratgeber gegen einen anderen zum gleichen oder ähnlichen Thema um.

Liebe Leserin und lieber Leser,

wir freuen uns, dass Sie sich für ein GU-Buch entschieden haben. Mit Ihrem Kauf setzen Sie auf die Qualität, Kompetenz und Aktualität unserer Ratgeber. Dafür sagen wir Danke! Wir wollen als führender Ratgeberverlag noch besser werden. Daher ist uns Ihre Meinung wichtig. Bitte senden Sie uns Ihre Anregungen, Ihre Kritik oder Ihr Lob zu unseren Büchern. Haben Sie Fragen oder benötigen Sie weiteren Rat zum Thema? Wir freuen uns auf Ihre Nachricht!

Wir sind für Sie da!
Montag–Donnerstag: 8.00–18.00 Uhr;
Freitag: 8.00–16.00 Uhr
Tel.: 0180-5 00 50 54*
Fax: 0180-5 01 20 54*
E-Mail: leserservice@graefe-und-unzer.de

PS: Wollen Sie noch mehr Aktuelles von GU wissen, dann abonnieren Sie doch unseren kostenlosen GU-Online-Newsletter und/oder unsere kostenlosen Kundenmagazine.

GRÄFE UND UNZER VERLAG
Leserservice
Postfach 86 03 13
81630 München

*(0,14 €/Min. aus dem dt. Festnetz/Mobilfunkpreise maximal 0,42 €/Min.)